나는 왜 배려할수록 더 힘들어질까

나는 왜 배려할수록 더 힘들어질까

윤서람 지음

나보다 남이 먼저인
에코이스트를 위한
정신적 호신술

위즈덤하우스

'건강한 공격성'을 지닌
사람이 됩시다

저는 한때 정말 공격성이 손톱만큼도 없는 사람이었습니다. 누가 무슨 말을 해도 그저 평화롭고 온순한 방식으로 대응하려고 했었죠. 불편한 말을 듣고 억울한 상황에 놓이게 될 때에도 '저 사람이 무슨 사정이 있어서, 말 못 할 이유가 있어서 그러는 걸 거야. 얼마나 힘들면 저럴까, 내가 이해해줘야지'라고 생각했어요. 세상의 그 어떤 사람도 일부러 타인을 괴롭히는 사람은 없다고 믿었습니다.

그런데 세월이 흐르고 여러 나르시시스트들을 만나 극도의 심적 고통을 느끼고 난 후, 그리고 많은 공부를 통해 제가 겪은 일의 실체가 무엇인지를 파악하고 나서야 깨달을 수 있었어요. 저의 그 한없이 온순하기만 했던 바로 그 태도가 문제를 더 악화하는 요인이 되어왔다는 것을요.

　물론 나르시시스트와의 관계에서 문제의 근본적인 원인은 나르시시스트에게 있습니다. 어떤 상황에서도 결코 피해자를 탓하는 일은 없어야 해요. 그러나 우리는 인정해야 합니다. 나르시시스트의 말과 행동을 그저 받아주고 이해해주고 맞춰주기만 하는 건 이 문제를 해결하는 데 전혀 도움이 되지 않는다는 사실을요. 나르시시스트들은 상대의 친절과 배려를 이용해 더 많은 것을 요구할 뿐 스스로를 돌아보지 않습니다.

　나르시시스트에 관한 전 세계의 강연과 책, 자료들을 공부하며 제가 깨닫게 된 건 다음과 같습니다. 늘 부드럽기만 한 그무른 태도는 나르시시스트와의 관계를 풀어나가는 데 전혀 도움이 안 된다는 것, 그리고 저에게 필요했던 건 다름 아닌 '공격성'이며, 이 공격성을 건강하게 다루기 위해서는 '적극적 자기주장 능력'을 갖춰야 한다는 것을 말이죠.

　오은영 박사는 《못 참는 아이 욱하는 부모》라는 책에서 오늘날 사람들이 '건강한 공격성'을 반드시 가져야 한다고 말합니다. 그러면서 자기 자신을 '공격성이 많은 사람'이라고 고백하기도 해요. '건강한 공격성'은 나르시시스트들의 '병적인 공격성'과는 완전히 다릅니다. 다른 그 누구의 말이 아니라 내가 생각하는 가장 옳은 것을 스스로 선택하고 그 어떤 방해에도 굴하지 않고 밀고 나갈 수 있는 힘이 바로 '건강한 공격성'이라고 할 수 있죠. 아무리 사람들이 욕하고 괴롭히고 비난을 퍼부어도 내가 생각하는 가장 옳은 길을 선택하고 행동으로 옮기는 것 그리고 내 선택으로 인해 치러야 할 대가가 있다면 담담히 그 대가를 스스로 치러나가는 것, 이것이 바로 우리에게 필요한 공격성입니다.

예를 들어 여러분이 그림 그리는 걸 굉장히 좋아한다고 해봅시다. 그런데 주변의 그 누구도 여러분의 재능을 지지하거나 칭찬해주는 사람이 없다면 어떻게 하실 건가요? 나는 그림 쪽으로 진로를 정하고 싶은데 주변 그 누구도 인정해주지 않고, 내가 너무도 싫어하는 직업만 계속 추천하고 강요하는 거예요. 그러면 여러분은 자신의 진로를 어떻게 결정하시겠습니까? 물론 그 진로를 위해 필요한 재정적인 부분을 다른 사람이 채워줘야 한다면 그 사람의 눈치를 어느 정도는 봐야 할 거예요. 아직 성인이 되지 않았다면 부모님의 조언과 지도가 좀 더 필요할 수도 있고요.

그러나 일단 단순하게 여러분이 성인이라고 생각해봅시다. 주변 사람들이 여러분의 꿈을 인정해주지 않고 지지해주지 않는다면 어떻게 하실 건가요? 내 진로를, 내 삶을, 내 인생에서 크게 의미 있는 일을 다른 사람의 의견에 따라 결정하실 건가요?

안 되죠. 다른 사람들이 아무리 안 된다고, 너 같은 별 볼 일 없는 애가 갈 길이 아니라고 비난해도 그 말에 마냥 따라가기만 해서는 안 됩니다. 때로는 다른 사람들의 말대로 하지 않고 '내 길은 내가 결정해'라고 믿고 일을 저질러버리는 것 그리고 자신의 결정을 책임지는 것. 이것이 바로 우리에게 필요한 진정한 공격성입니다.

저는 '공격성이 제로에 가까운 온화한 사람들'을 위한 책을 쓰고 싶었습니다. 이들이 건강한 공격성을 지닐 수 있도록 도와주는 내용으로 이 책을 가득 채우고 싶었어요. 공격성이 낮은 이 온화한 사람들은 다음과 같은 특징이 있습니다.

남들로부터 지나치게 주목받는 것을 부담스러워하고, 문제가 생기면 자기 탓부터 하며, 유독 자기 자신에게 엄격합니다. 또한 남에게 폐 끼치는 것을 매우 싫어하고, 인간관계에서 생기는 갈등을 피하는 경향이 있습니다. 이러한 사람들을 '에코이스트echoist'라고 부르며, 오은영 박사는 이 에코이스트의 특성이 바로 오늘날 MZ세대의 전반적인 성격에 해당 한다고 설명한 바 있어요.

에코이스트들은 장점을 매우 많이 가지고 있는 반면 공격성이 너무 낮아 스스로를 보호하지 못하는 경향이 있습니다. 따라서 나르시시스트의 타깃이 되기가 쉽죠. 에코이스트들은 보통 타인을 만족시키고 기쁘게 해주려는 경향이 있기 때문에 다른 사람들도 자신처럼 늘 좋은 의도로 타인을 대한다고 믿습니다. 그래서 악한 의도로 일부러 상대를 괴롭히려는 나르시시스트를 잘 알아차리지 못하고 그들의 거짓말을 있는 그대로 믿어버리곤 해요.

심지어 피해를 당하고도 문제의 원인이 항상 자기에게 있을 거라고 생각합니다. 타인이 아무리 잘못해도 끝없이 이해해주고 덮어주고 용서해주려고 해요. 그리하여 남을 속이고 등쳐먹고는 전혀 양심의 가책을 느끼지 못하는 사람들에게 안타깝게도 에코이스트들은 정말 훌륭한 먹잇감이 되는 것이죠.

이렇게 에코이스트의 특징을 가지고 나르시시스트들을 겪어보신 분들은 잘 아실 겁니다. 상식적인 대화나 설득으로는 전혀 그들을 움직일 수가 없다는 것을요. 우리가 아무리 논리적으로 이유와 근거를 얘기해도 그들은 받아들이지 않습니다. 내 입장과 감정과 생각을 열심히 설명해줘도 소용없어요. 정서적으로 감동을 받는 일도 없죠. 도무지 내 뜻을 관철할 방법이 전혀 없어 보입니다. 제발 그러지 말라고, 내가 너무 힘들다고 호소하면 할수록 그들은 상대방을 더 무시합니다. 여러분이 괴로워하는 모습을 보일수록 더 만족스러워할 뿐이에요.

이런 그들을 설득하고 움직이려면, 우리에게는 범상치 않은 자기주장 능력이 필요합니다. '적극적 자기주장'은 우리가 건강한 방식으로 공격성을 드러내 나르시시스트의 정서에 적절한 영향을 줌으로써 그들이 우리를 함부로 대하지 못하게끔 선을 그어주는 행동이라고 할 수 있습니다.

캐나다의 임상심리학자인 조던 피터슨은 다음과 같이 말합니다. "나르시시스트, 소시오패스, 사이코패스로부터 당하지 않기 위해 배워야 하는 것이 바로 적극적 자기주장 훈련 assertiveness training이다." 또한 미국의 심리치료사 에이미 말로 맥코이는 다음과 같이 말합니다. "적극적 자기주장이란, 다른 사람에게 자기 의견만 강압적으로 밀어붙이는 게 아니다. 다른 사람에게 강압적으로 의견이 묵살되고도 가만히 있는 수동적인 자세에서 벗어나, 내가 가진 생각과 의도를 정확하게 전달하는 것을 뜻한다."

나를 괴롭히려는 사람들 앞에서 자신을 보호하기 위해 목소리를 높이는 건 결코 이기적이지 않다는 사실을 기억하시기 바랍니다. 여러분이 적극적 자기주장 능력을 잘 습득하신다면,

목소리에 한층 힘이 실리는 것을 느끼게 되실 거예요. 그리하여 그 누구도 여러분의 정당한 욕구나 의견을 무시하는 일이 없게 될 것입니다.

이 책은 나르시시스트의 심리 분석을 토대로 그들 앞에서 확고하게 자기주장하는 법을 설명하고 있습니다. 이 책을 통해 그 어떠한 상황에서도 생각과 의견을 피력할 수 있는 단호한 사람이 되셨으면 좋겠어요. 우리에게 정말 필요한 '건강한 공격성'을 장착함으로써 나와 소중한 주변 사람들을 나르시시스트들로부터 보호하고 지킬 수 있으시기를 바랍니다. 보통 사람들 앞에서는 현명하고 정의롭고 온유한 사람으로 살아가지만, 나르시시스트 앞에서는 절대 만만하고 호락호락하지 않은 사람으로 살아가는 것이죠.

선한 마음으로 작동하기에 에코이스트들의 진실한 말에 힘이 실리는 만큼, 악한 마음을 동력으로 삼는 나르시시스트의 거짓된 목소리는 분명히 힘을 잃게 될 것입니다. 여러분의 진실한 말이 이 세상을 가득 채우고 울려 퍼지기를, 그리하여 거짓된 목소리들이 모두 힘을 잃는 그날이 어서 오기를 마음 깊이 소망합니다.

차례

나는 과연 에코이스트일까?

No.	문항	그렇다
1	공감과 경청을 잘한다.	
2	생색낼 줄 모른다.	
3	상대방 의견에 쉽게 반박하지 않는다.	
4	서열과 경쟁을 굉장히 싫어한다.	
5	손해 보더라도 갈등을 일으키지 않으려 한다.	
6	특별 대우받는 것을 좋아하지 않는다.	
7	남을 돕는 일에 적극적이다.	
8	관계에서 문제가 생기면 자신부터 비난한다.	
9	주목받는 게 부담스럽다.	
10	도와달라는 말을 잘하지 못한다.	
11	자기 자랑은 수준 낮은 행동이라고 생각한다.	
12	충분히 할 수 있는 일도 못 하는 척 필요 이상으로 자신을 낮춘다.	

13	유독 자기 자신에게 엄격하다.	
14	두뇌 회전 속도가 빠른 편이다.	
15	보는 사람이 있든 없든 매사에 최선을 다한다.	
16	늘 스스로를 돌아보며 타인의 생각과 감정을 존중하려 애쓴다.	
17	책임감이 강하고 어떤 어려움 속에서도 교훈을 얻으려고 한다.	
18	자신보다 남이 먼저일 때가 많다.	
19	불쾌감을 잘 표현하지 않는다.	
20	'그런 거 같아요' 등 확신 없는 표현을 자주 사용한다.	
21	거절하고 싶을 때도 '예스'라고 말한다.	
22	'하고 싶은 것'보다는 '해야 하는 일'들로 일상을 채운다.	
23	사람에 대한 경계선이 분명하지 않다.	
24	질투심 많은 사람들과 관계가 얽혀 있다.	

※ 24개 문항 중에서 '그렇다'가 10개 이상이면 '에코이스트'일 확률이 높다. 또한 모든 문항이 에코이스트의 특징에 해당하므로 '그렇다'가 많을수록 에코이스트 성향이 강하다고 볼 수 있다.

1장

내 주변에는 왜
나르시시스트들만 가득할까

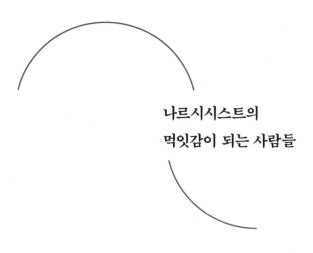

나르시시스트의
먹잇감이 되는 사람들

'나르시시스트'란 자기 자신을 남들보다 유독 특별하다고 생각하면서 동시에 타인의 고통에 무감각한 사람을 말합니다. 그들은 권위를 내세워 사람들을 이용하고 공감하지 못한다는 특징이 있습니다. '에코이스트'는 이 나르시시스트와 완전히 반대되는 성격을 가진 사람들입니다. 이들은 특별한 대우를 받는 것을 부담스러워하고, 타인을 만족시키려 애쓰며, 기꺼이 자신을 희생하고 늘 공감하는 경향이 있어요.

'에코이스트'라는 단어는 《나르시시즘 다시 생각하기》라는 책에서 크레이그 맬킨 박사가 처음으로 소개했습니다. 이 책에서 맬킨 박사는 에코이스트들이 나르시시스트로부터 휘둘리고 고통받기 쉽다고 해요. 그런데 그 이유가 참 인상적입니다.

에코이스트들이 악인들에게 잘 휘둘리는 이유는 성격적으로 결정적인 흠이 있어서가 아니에요. 오히려 타인을 지나치게 배려하고 존중하는 '순응적인 성격' 때문에 잘 휘둘리고 끌려다닌다고 합니다. 이들이 가진 장점이 오히려 약점이 되어버린 셈이죠.

에코이스트에게는 오히려 독이 되는
경청과 공감 능력

경청과 공감의 중요성에 대해 많이들 이야기합니다. 경청과 공감을 할 때 빼놓을 수 없는 게 있죠. 상대방 말끝의 몇 마디를 따라 하면서 고개를 끄덕이며 수용하는 것입니다. 상대의 감정이 틀리지 않았음을 인정하고 그 감정 자체를 존중하는 방법입니다. 사람의 감정을 치유하는 중요한 기술로 사용할 수 있기 때문에 요즘 많은 사람이 이 방법을 배우고 실천하려고 애쓰고 있죠. 경청하고 공감하는 법을 몰라서 관계에 문제가 생기는 경우가 참 많으니까요.

그런데 이렇게 남들은 정말 배우고 싶어 하는 이 대화 방식에 일찍부터 이미 매우 익숙한 사람들이 있습니다. 상대의 감정을 존중하고 수용하고 동의하는 것이 몸에 완전히 배어버려서 이제는 사람들의 말을 반박하는 게 어색한 사람들이죠. 바로 에코이스트들입니다. 이들은 경청과 공감의 달인이라고 할 수 있어요. 그런데 뭐든지 지나치면 부족함만 못한 법이죠. 에코이스트들은 경청과 공감이 필요 없는 상황에서조차 경청하고 공감하려다 나쁜 사람들의 꾀에 넘어가고 맙니다.

경청과 공감에 익숙하지 못한 평범한 사람들은 에코이스트들의 아픔을 이해조차 하지 못하죠. 때문에 괴롭고 힘든 가운데 에코이스트들에게는 외로움마저 더해집니다. 이들에게 그 고통은 어디에도 표현하지 못할 참으로 애매모호한 것이 되어버려요.

그런데요, 만일 에코이스트들이 이러한 쓰라린 경험을 지혜롭게 극복해나가게 되면, 남들이 알기 힘든 크나큰 인생의 지혜를 깨우치게 됩니다. 아무리 중요하고 좋은 것이라 하더라도 정도껏 해야 한다는 것, 그리고 우리가 넘지 말아야 할 어떤 선이 있다는 것을 가슴 저리게 깨닫게 되죠. 그리하여 에코이스트들은 다른 사람들보다 앞선 경험을 통해 누군가에게 길을 제시해주는 인생을 살아가게 됩니다.

스스로 소멸시키는
극단적 에코이스트

극단적 에코이스트였던 시절 저의 성격이 어땠냐면요, 매번 다른 사람의 의견을 동의하고 수용하고 그들의 말끝을 따라 말해주면서 '내가 지금 이야기를 잘 듣고 있다는 것'을 확인시켜주는 게 거의 습관이 되어 있었습니다. 그야말로 경청과 공감의 달인이었죠. 마치 《그리스 로마 신화》에서 '에코'가 남의 말끝을 따라 하던 것과 참 비슷했어요.

《그리스 로마 신화》에서 에코는 헤라에게 벌을 받아 스스로는 먼저 말할 수 없고 오로지 상대방 말의 마지막 몇 마디만을 되풀이하는 숲의 요정이었습니다. 이 에코는 나르키소스를 보고 첫눈에 사랑에 빠져버리게 되는데요. 남의 말 끝부분만 되풀이할 수 있는 에코는 나르키소스에게 사랑을 표현할 길이 없어서 애가 탑니다. 나르키소스에게 거절당하고 나서도 사랑이 식지 않아 그녀의 몸과 마음은 타들어가고, 점차 목소리와 뼈만 남더니 뼈마저 돌로 변해버리죠. 그렇게 에코는 목소리만 남아서 우리가 산에서 큰소리를 외치면 돌아오는 메아리가 되었습니다.

당시 저는 사람들이 틀린 말을 해도 절대 함부로 틀렸다고 말하지 않았습니다. 일단 동의부터 하고 말을 시작했어요. 사람들이 자기 의견을 반박당했을 때 느낄 부정적인 감정을 일부러 만들고 싶지 않아서였죠. 웬만하면 갈등을 피하고 싶었습니다. 갈등이 두려웠다기보다는 갈등 상황에 놓이는 게 굉장히 귀찮았던 것 같아요. 저에게는 풀어야 할 문제들이 산재해 있었거든요. 어떻게든 평화롭게 문제를 해결하고 가던 길을 계속 걸어가고 싶었던 것 같습니다.

저는 화를 내기보다 문제해결에 집중하는 사람이었습니다. 그러다 보니 매번 나르시시스트들로부터 좋지 않은 대우를 받으면서도 끝없이 그들의 입장을 생각하고 또 이해하려 노력하고, 가슴이 타들어갈 정도로 문제를 해결하는 데 집착하게 되었어요. 조금만 더 노력하면, 조금만 더 애쓰면 해결할 수 있을 것 같은 상황이 계속 반복되었기 때문이죠. 결국 나르시시스트와의 문제를 곱씹고 또 곱씹으며 원인을 분석하고 해결 방법을 찾느라 심한 우울증을 겪게 되었고, 점점 나르시시스트의 말을 수용하고 그들의 시선으로 저를 바라보려 결국 인생을 포기할 뻔했던 제 모습이, 정말 에코와 비슷하다는 생각이 들었습니다.

에코이스트의
7가지 특징

그렇다면 경청과 공감의 달인, 에코이스트들은 어떤 특징을 가지고 있는지 좀 더 자세히 살펴볼까요? 다음 일곱 가지 특징은 에코이스트들이 가진 특유의 장점이자 동시에 단점이라고 할 수 있습니다. 잘만 사용하면 큰 장점이 되지만 나르시시스트와의 관계에서는 단점으로 작용할 수 있어요. 따라서 여러분은 이 일곱 가지 특징을 버리려고 할 것이 아니라, 이 특징들을 그대로 갖춘 상태에서 나르시시스트를 대하는 방법만 제대로 익히시면 됩니다.

첫 번째, 주목받기 싫어합니다.

에코이스트는 자신이 잘한 것과 성취한 것, 성공한 것을 남들에게 말하는 게 이기적이라고 생각해요. 그런 말을 할 자격이 없다고 생각하기도 하고, 자기 자랑을 한 것 같아서 죄책감을 느끼기도 합니다. 자신이 조금이라도 오만하게 보여지는 것을 굉장히 싫어하죠. 그래서 다른 사람들이 자신을 향해 칭찬하면 불편한 마음이 듭니다. 이 에코이스트들은 스포트라이트를 받는 자리를 어떻게든 피해 다닙니다. 남들 눈에 띄어도 괜찮다고 생각할 때도 있지만, 오로지 다른 사람을 도와주는 모습으로 드러날 때만 괜찮다고 여깁니다. 한순간이라도 자신이 이기적인 모습으로 보여지는 것을 극도로 꺼려하죠.

두 번째, 관계에서 문제가 생기면 자신부터 비난합니다.

에코이스트들은 갈등을 굉장히 싫어합니다. 자기 자신이 손해를 보더라도 갈등을 일으키지 않으려고 애를 쓰는 사람들입니다. 가정이나 직장, 어떤 공동체에서든 문제가 생기면 마치 자신에게 책임이 있는 것처럼 생각하죠. 그리고 그 문제가 풀리지 않으면 절대 남 탓을 하지 않고 자기 탓을 합니다. 그 결과, 뭔가 잘못되면 남 탓부터 하는 나르시시스트는 이렇게 에코이스트가 스스로를 비난할 때 '옳다구나' 맞장구를 치고 자기 잘못까지 얹어서 덮어씌워버립니다.

세 번째, 자신과 타인에게 이중 잣대를 갖고 있습니다.

에코이스트는 남들은 필요나 욕구를 가져도 된다고 생각하지만, 자기 자신이 필요나 욕구를 느끼는 건 나약한 일이라고 생각해요. 자신이 다른 사람을 돌봐주고 보살펴줘야 하는 건 당연하지만, 남이 나를 돌봐주거나 보살펴주는 것은 받아들이기 힘들어합니다. 따라서 남들에게 도움을 구하는 것을 굉장히 부담스러워해요. 사람들에게 짐이 될까 봐 두려워하고 만일 자신이 필요한 걸 요구하면 가까운 사람과의 관계를 망치게 될 거라는 잘못된 믿음을 가지고 있습니다.

네 번째, 확신 없는 표현을 많이 사용합니다.

에코이스트는 머뭇거리거나 망설이는 말을 많이 씁니다. 예를 들어, '그렇습니다'라고 딱 떨어지게 표현하지 않아요. '그런 거 같아요', '그럴지도 모릅니다', '그럴 수도 있습니다' 등등의 표현을 과도하게 많이 사용합니다. 이런 확신 없는 표현들은 보통 사람들과의 대화 속에서 신뢰를 주지 못합니다. 그래서 에코이스트들은 평소에 사람들이 왜 내 이야기에 귀 기울여주지 않는지를 고민하게 되죠. 사실 이것은 자신감이나 신뢰의 문제가 아니라, 에코이스트들이 정확한 표현을 좋아하기 때문에 발생하는 일입니다. 우리가 살아가면서 100퍼센트 확신할 수 있는 경우는 거의 없죠. 대부분의 사람들은 한 50퍼센트 정도의 근거만 있어도 확신을 가지고 말합니다.

그런데 에코이스트들은 근거가 100퍼센트라는 확신이 들지 않으면 확실하게 말하지를 못해요. 정확한 표현이 아니거든요. 그 결과, 대부분의 사람들은 틀릴 가능성이 많지만 확신 있는 그 말투 때문에 더 신뢰감을 얻습니다. 반면에 에코이스트들이 하는 말은 틀릴 가능성이 거의 없지만 듣는 사람들 대부분에게 신뢰감을 주지 못합니다.

다섯 번째, 사람에 대한 경계선이 분명하지 않습니다.

사람과 사람 사이에는 서로 침범하지 않고 건드리지 말아야 할 경계선이 있죠. 보통 사람들은 그 경계선이 침범당하면 곧바로 불쾌감을 표현합니다. 상대가 선을 넘을 때마다 대답 없이 침묵한다든지 표정이 굳어진다든지 지적하거나 경고하기도 하죠. 그런데 에코이스트들은 남들이 자신의 경계선을 침범해도 아무런 표현을 하지 않고 넘어가는 경우가 많습니다. 심지어 침범당했다는 것을 아예 인식조차 못 하는 경우가 많다고 해요.

'No'라고 말하고 싶을 때, 거절하고 싶을 때조차 그냥 'Yes'라고 말해버립니다. 에코이스트들은 나름대로 상대에게 힌트를 줬다고 생각하지만, 대부분의 사람들은 에코이스트의 의도를 알아차리지 못할 때가 많습니다. 보통 사람들은 에코이스트에 비해 표정이나 말의 뉘앙스 등을 잘 읽지 못하거든요. 그래서 에코이스트들은 Yes 아니면 No를 곧이곧대로 받아들이는 대부분의 사람들에게 오해를 살 때가 있습니다.

여섯 번째, 자신보다 항상 남이 먼저입니다.

에코이스트는 남들을 돌보고 그들의 문제를 푸는 것을 굉장히 잘하는 사람들이에요. 마치 남을 돕는 게 자신의 정체성인 것처럼 여길 정도로 만사 제쳐놓고 남을 돕는 일에 굉장히 적극적입니다. 자기의 삶을 희생해서라도 다른 사람들의 필요에 초점을 맞추며 살아가죠. 또한 내가 사랑하는 사람이 생각과 의견을 잘 표현할 수 있도록 에코이스트는 자기 목소리를 포기하고, 상대의 말과 의견을 마치 자신의 것처럼 받아들입니다.

일곱 번째, 질투심 많은 사람들과 관계가 얽혀 있습니다.

크레이그 맬킨 박사는 에코이즘이 가정환경으로부터 생겨난다고 설명해요. 예를 들어, 만일 부모님이 자랑하는 것을 싫어하거나 자신을 내세우기 싫어하는 경우 자녀들 또한 커서 그런 마음을 갖게 됩니다. 어떤 부모들은 자신이 갖지 못한 재능이나 업적을 가진 사람들을 너무 질투해서, 주목받는 사람들을 자녀들 앞에서 자주 비난하기도 하죠. 그래서 '주목받는 자리는 비난받는 자리다'라는 생각이 자녀들에게 자연스레 자리 잡게 됩니다.

또한 에코이스트들은 주변의 질투로부터 자기 자신을 보

호하기 위해서 사람들의 눈에 띄지 않으려고 애를 쓰는데요. 충분히 할 수 있는 일을 못 하는 척한다든지, 일부러 안 좋은 성적을 받는다든지, 아는 것을 모르는 척하는 등 자신을 필요 이상으로 낮추기도 합니다.

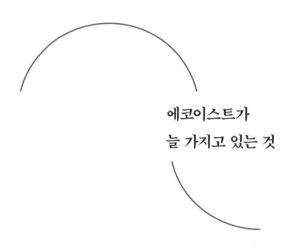

에코이스트가
늘 가지고 있는 것

부모가 아이를 이타적으로 키우려면 아이의 욕구가 즉시 만족되지 않는 경험을 하게 해야 한다고 합니다. "엄마, 나 뭐 필요해요"라고 했을 때 바로 "알았어!" 하며 아이의 요구를 들어주면 안 된다는 거예요. 만족감을 너무 빠르게 얻게 되면 아이는 기다리는 능력을 상실합니다. 남들보다 먼저 만족감을 얻으려는 사람을 우리는 이기적인 사람으로 선언하게 되고요. 또한 남에게 고통을 주어서라도 자신의 만족감을 채우려는 사람을 우리는 나르시시스트라고 말합니다.

이 나르시시스트가 평생을 노력해도 절대 가질 수 없는 것이 있습니다. 정말 아무리 원하고 애를 써도 가질 수 없어요. 그것은 바로 '지혜'입니다. 왜냐하면 이 지혜란 이타적인 사람이라야 가질 수 있는 것이기 때문입니다.

지혜의 원동력이 되는
이타심

　　인지심리학자들은 이타적인 사람이 더 지혜로워진다는 사실을 이미 예전부터 알고 있었다고 합니다. 다만 이유를 설명하지 못하고 있었는데요. 최근에 그 이유가 밝혀졌습니다. 이타적인 사람은 자기보다 한참 지식이 떨어지거나 지위가 낮은 사람의 질문에도 귀를 기울입니다. 나보다 무언가를 잘 모르는 사람이 던지는 질문을 무시하지 않고, 그 사람이 잘 알아들을 수 있도록 설명해주려고 노력한다는 거죠. 그러려면 상대가 알아듣기 쉬운 말들로 설명하려고 애써야 하는데, 그 과정이 쉽지 않습니다. 자신이 늘 쓰던 단어와 표현을 사용하지 않고 누구나 알아들을 수 있는 말로 풀어서 설명해야 하니까요. 상대방의 눈높이에 맞춰 쉬운 말로 풀어서 설명하는 건 생각보다 쉬운 일이 아닙니다.

　　그런데 이렇게 내가 자주 쓰던 전문용어를 누구나 알아들을 수 있는 일상용어로 풀 때, 바로 그때 인간은 지혜로워진다고 합니다. 이것을 학문적으로는 '영역 특정적 전문용어를 영역 일반적 보편 언어로 바꾸는 과정'이라고 하는데요. 즉, 어린아이들도 알아들을 수 있는 말로 바꾸는 것을 뜻하죠. 이 과정에서 인간은 대부분 큰 깨달음과 통찰, 지혜를 얻게 됩니다. 늘 익숙하게 바라보던 것에 새로운 시각이 생기고, 또 자기가 미처 생각하지 못했던 부분을 깨닫게 되고, 안다고 생각하면서 넘어갔던 부분도 다시 한번 짚어보면서 생각의 범위가 훨씬 더 넓어지는 거죠.

김경일 교수는 《창의성이 없는 게 아니라 꺼내지 못하는 것입니다》라는 책에서도 같은 사례를 소개합니다. 미국의 실리콘밸리든, 나사NASA든, 독일의 막스플랑크 연구소Max-Planck-Gesellschaft든 분야를 막론하고 뛰어난 사람들이 가진 한 가지 공통점이 있는데, 바로 '전혀 모르는 사람에게도 내가 하는 일에 대해 친절하게 설명하는 태도'입니다. 이들은 나와 전혀 다른 분야의 일을 하는 사람에게 내가 하는 일을 설명하기 위해 전문용어와 약어를 쓰지 않고 누구나 알아들을 수 있는 말로 풀어쓰는 불편함을 기꺼이 감수합니다.

아인슈타인과 리처드 파인만에게도 같은 공통점을 찾아볼 수 있는데요. 물리학에 관해서는 보통 사람들이 상상도 하지 못할 만큼 깊고 방대한 지식을 갖고 있지만, 두 사람 모두 대학 신입생이나 일반 대중을 상대로 강연하기를 좋아했다고 합니다. 고등학교 때 머리를 쥐어뜯으며 물리 과목을 들었던 사람들에게 상대성이론이나 양자전기역학 같은 것을 설명하기가 얼마나 힘들었겠습니까. 하지만 그 불편함을 감수하면서 스스로 틀을 깼던 거죠. 성장의 단서는 여기에 있습니다. 내가 잘 알고 있다는 믿음을 벗어나는 과정을 통해 더 많은 지혜를 얻을 수 있어요. 이렇게 이타심은 스스로를 발전시키고 지혜를 얻는 원동력이 됩니다.

나르시시스트가
배울 수 없는 것

그렇다면 과연 이타성利他性이란 무엇일까요? '자기의 이익보다는 다른 사람의 이익을 더 꾀하는 성질'을 말합니다. 여러분은 나르시시스트에게 이러한 이타성이 있다고 생각하시나요? 한번 생각해봅시다. 여러분이 뭔가 잘 모르는 것이 있어서 질문했을 때 나르시시스트들은 어떻게 대응하던가요? 이들은 절대 그 질문에 귀 기울이지 않습니다. 권력자 앞에서 혹은 대중 앞에서는 아주 친절한 척 가면을 쓰고 행동하겠지만, 가면을 써야 할 필요가 없는 상황에서, 특히 피해자 앞에서는 절대 귀 기울여 듣지 않습니다.

늘 만만하게 생각하던 상대방이 조금이라도 뭘 모르는 것처럼 보이면 나르시시스트들은 어떻게 행동합니까? 즉시 조롱부터 합니다. '넌 그런 것도 모르냐, 그런 것도 모르고 어떻게 사냐, 세상에 그걸 모르는 사람이 있냐, 너 빼고 다 아는 사실이다, 어디 가서 그런 소리하지 마라. 무식하다고 욕먹는다' 등등 아주 신나서 삿대질을 해댑니다.

이들에게 상대방의 열등함은 곧 자신의 우월함을 의미하죠. 그렇기 때문에 상대방의 무능함이나 무지함이 드러날 때 절대 그냥 지나가지 않아요. 감싸주고 덮어주는 일은 아예 없습니다. 상대방이 열등하고 자신이 우월하다는 증거가 나타났는데 어떻게 그냥 지나갑니까. 자신의 망상을 뒷받침하고 증명해줄 만한 단서가 눈앞에 드러났으니, 절대 놓칠 수 없는 순간이 온 거예요. 아주 신이 나서 상대방을 더더욱 비난하고 깎아내리고 조롱할 겁니다.

그러니 이들이 지혜로울 수 있을까요. 지혜를 얻을 수 있는 기회가 아무리 생기고 또 생겨도, 그 모든 기회를 전부 다 놓쳐버리게 되는 거죠. 그래서 우리는 이들을 보면서 의아해지기도 합니다. 나르시시스트가 평소에 똑같은 문제를 수도 없이 반복하면서 그 문제를 통해 어떤 의미나 지혜를 전혀 배우지 못하니까요. 나르시시스트들은 아마 이타적인 '척'은 할 수 있을 겁니다. 다른 사람들 앞에서 자신의 이미지를 완벽하게 만들기 위해 선한 척 다른 사람을 배려하고 생각해주고 도와주는 모습을 연기할 수는 있어요. 그러나 이들에게 진정한 이타심을 기대할 수는 없습니다. 나르시시스트에게 있어서 타인의 입장과 감정은 전혀 고려 대상이 아니거든요. 남을 무너뜨리고 다치게 해서라도 자기 이익만을 추구하는 사람들이 나르시시스트인데, 어떻게 이타심을 기대할 수 있을까요?

이타심 때문에
오히려 힘든 에코이스트들

프랑스의 심리치료 전문가인 크리스텔 프티콜랭은 《당신은 사람 보는 눈이 필요하군요》라는 책에서 이렇게 말합니다.

"나는 머리가 빨리 돌아가는 사람일수록 심리 조종에 빠지기 쉽다는 놀라운 결론에 이르렀다. 쉽게 이해되지 않겠지만 사실이다. 똑똑한 사람은 다른 사람을 이해하고 싶어 하고 상대의 관점을 헤아리려 한다. 난관에 굴하지 않고 이해의 여지를 찾는다."

　사람들은 보통 똑똑한 사람이라면 심리 조종에 빠지지 않을 거라고 생각하지 쉽지만, 실상은 그렇지 않습니다. 크리스텔 프티콜랭을 비롯해 많은 전문가는 '나르시시스트들에게 휘둘리고 당하는 사람들은 하나같이 똑똑하고 지혜로우면서도 인간적이고 이타적이며 사랑스러운 사람들'이라고 말해요. 그렇다면 이 똑똑하고 지혜로운 사람들이 왜 그렇게 심리 조종에 취약한 걸까요?

　똑똑하고 지혜로운 사람들은 살면서 어려운 일을 만났을 때 남들보다 빠르게 문제를 풀어냅니다. 누군가가 나쁜 의도를 가지고 일부러 계속 문제를 만들어내지 않는 이상, 정말 척척 문제들을 풀어내죠. 원인과 결과의 상관관계를 매우 잘 파악하기 때문에, 문제의 원인을 분석하고 적절한 해결책을 찾는 데 탁월합니다. 이들은 자신이 가진 모든 능력과 에너지를 문제를 풀기 위해 쏟는 것을 즐기고, 어려운 문제를 풀었을 때 크게 희열을 느낍니다. 그리하여 평소 주변 사람들이 이들로부터 실제로 많은 도움을 받습니다.

　그런데 이들에게도 정말 큰 문제가 있습니다. 문제와 갈등이 없는 곳에는 관심을 둘 필요성을 잘 느끼지 못한다는 거예요. 평안하고 밋밋한 관계는 왠지 재미없게 느껴지죠. 따라서 나르시시스트와의 관계 속으로 말려들어가기 쉽습니다. 일부러 문제와 갈등을 일으키기 좋아하는 이 나르시시스트에게 끊임없이 관심을 퍼부어줄 수밖에 없게 돼요. 나르시시스트들이 만들어내는 문제와 갈등을 계속해서 해결해야 하니, 문제를 풀어 희열을 느낄 기회가 무궁무진하게 만들어지고, 그 관계에 정신적 에너지를 쏟게 됩니다.

그런데 나르시시스트들은 상대방이 한 가지 문제를 다 풀어내기도 전에, 더 큰 문제를 만들어내고 또다시 그 문제를 다 풀어갈 때쯤 그보다 더 큰 문제를 만들어서 상대방을 수많은 문제더미 속에서 익사하게 만듭니다. 문제를 푸는 능력이 아무리 좋아도 무한대로 늘어나는 문제들을 모두 다 감당할 수는 없어요.

이타적인 성격으로 인해 에코이스트들은 나르시시스트들이 하는 온갖 헛소리와 거짓말조차 포용하고 이해하려 들다가 심리 조종에 빠지고 맙니다. 심리 조종에 휘둘리며 피해를 입으면서도 하염없이 상대의 입장을 이해하고 덮어주려고 해요. 그렇게 문제는 하나도 풀리지 않은 채 상황은 점점 악화되고, 끊임없이 쏟아져 나오는 문제들을 풀다 결국 '더 이상 못 하겠다'

는 생각이 들 때면, 너무도 큰 혼란과 무기력에 빠져 있는 스스
로를 발견하게 됩니다.

기억하세요.
당신의 잘못이 아닙니다

생각해봅시다. 우리가 너무 이타적이어서 나르시시스트들
에게 잘 휘둘린다면, 그렇다면 우리는 이타성을 버려야만 하는
것일까요? 이타성이 없는 나르시시스트들처럼 살아야 하는 걸
까요? 아니요, 절대 그렇지 않습니다. 나르시시스트와의 관계
에서 생기는 문제들은 여러분의 잘못이 아닙니다. 잘못은 나르
시시스트에게 있지, 여러분에게 있지 않아요. 여러분을 휘두르
며 못된 삶을 사는 '나르시시스트들에게 잘못이 있다는 것'을
반드시 기억하시기 바랍니다.

우리가 거리에서 행패를 부리는 깡패를 만나 힘든 일을 겪
었다면, 잘못은 깡패에게 있습니다. 깡패에게 당한 사람은 잘못
이 없어요. 나르시시스트들은 정신적, 심리적 깡패들이라고 할
수 있습니다. 다시 말합니다. 여러분은 잘못이 없습니다. 여러
분은 삶을 아주 잘 살아오셨어요. 잘 살아오셨기 때문에 나르

시시스트들은 얻기 힘든 이타심과 지혜를 가졌고 상대의 관점을 헤아리려 애써왔던 거예요. 여러분이 가진 고유의 이타심과 지혜를 그대로 간직하시길 바랍니다.

여러분 자신을 뜯어고칠 필요는 없습니다. 다만, 깡패들 앞에서 여러분을 보호해줄 방어 무기만 하나 더 장착하면 되는 거예요. 이 책에서 소개하는 '적극적 자기주장' 능력을 갖추는 것이 여러분을 보호하는 방탄조끼가 되어줄 겁니다.

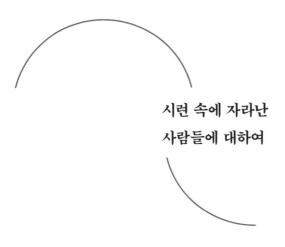

시련 속에 자라난
사람들에 대하여

가정폭력을 겪은 아이는 자신이 본 대로 똑같이 폭력을 휘두르게 된다는 생각이 많이 퍼져 있습니다. 1990년대에는 가정에서 겪은 학대나 범죄가 대물림된다는 내용의 연구 결과들이 보고되었고, '가문의 저주를 끊어야 한다'는 식의 이론이나 책이 유행하기도 했죠. 저 역시도 이 분야에 관심이 많았습니다. 당시 저는 20대였는데, 이후 30대 초반이 될 때까지도 '가정 학대는 반드시 대물림될 거다'라는 편견을 가지고 있었죠. 이제 40대 중반이 된 지금의 저는 어떨까요? 그 편견이 완전히 사라졌습니다. 1990년대 이후로 심리학이 많은 변화를 겪어왔다는 것을 알게 됐기 때문입니다.

심리학의 관점이
바뀌었다

최근 미국 아이비리그의 무수한 수업 내용들이 강의실 바깥으로 공개되었는데, 영어에 관심이 많았던 저는 그 정보들을 남들보다 조금 더 빠르게 접할 수 있었어요. 1800년대 말에서 1900년대 말까지 심리학은 인간이 겪고 있는 문제 자체에 초점을 맞춰왔습니다. 그 이론과 치료법은 우울증이나 자살 등의 문제를 줄이는 데 중점을 두었고 '인간 번영'이라는 개념은 거의 강조되지 않았어요. 이 기간 동안 과학은 인간이라는 존재를 '과거에 있었던 일들의 직접적인 산물'이라고 여겨왔습니다. 즉, 인간은 '자신을 둘러싼 환경과 상황에 의해 결정되는 존재'라고 보는 것이죠.

이런 관점을 결정론determinism이라고 합니다. 우리가 왜, 어떻게 해서 문제들을 갖게 되었는지 알기 위해 과거를 관찰하고 분석하는 건 물론 의미 있는 일입니다. 그러나 너무 원인 분석에만 골몰하게 되면, 자꾸만 내 주변 사람들과 환경을 탓하게 되고 또 지금 당장 그 문제를 풀기 위해 할 수 있는 방법이 무엇인지를 놓치게 되죠. 부정적인 환경 속에 놓인 사람들의 미래를 무조건 부정적으로만 예측하는 경향이 생기기도 하고요. 그리하여 전문가들은 이 결정론에 심각한 한계가 있음을 인정하게 됩니다. 안타깝게도 당시 심리학은 문제를 해결하는 것이 아니라 설명하는 데에만 그치고 있었으니까요.

그러다 1990년대에 자칭 '긍정 심리학자positive psychologists'라는 혁신적인 심리학자 집단이 나타났습니다. 이들은 지금까지 과거를 분석하는 데만 매달려왔던 심리학의 핵심적인 신조에 의문을 제기하기 시작했죠. 이들은 과거와는 다른 질문을 던지며 무엇이 사람을 행복과 건강, 성공으로 이끄는지 탐구하기 위해 색다른 유형의 실험을 진행했습니다. 그런 식으로 진행한 현대의 연구 결과들은 과거의 주장과는 상반된 설명을 제시하죠.

오늘날 심리학 연구는 한 사람의 과거가 그의 행동과 삶을 좌우하지 않는다는 사실을 보여줍니다. 오히려 그 사람이 자신이 되고 싶은 미래의 모습을 상상하고, 그 모습을 만들어내기 위해 부단히 노력함으로써 완전히 다른 인생의 역사를 써나갈 수 있다고 말해요. 이게 무슨 말이냐면, 과거를 들여다보는 건 원인을 분석하는 것에 그칠 뿐이지만, 앞으로 미래에 내가 어떤 사람이 되고 싶은지를 상상하고 그 목표를 이루기 위해 앞으로 달려 나가는 건 우리가 지금 가진 현재의 문제를 해결하고 더 나은 인생을 살도록 도와준다는 것입니다. 그들은 다음과 같이 말합니다.

"인간이라는 존재인 우리는 이 행성에서 다른 종이 갖지 못한 독특한 특징을 지녔다. 미래를 생각할 수 있는 능력뿐 아니라 미래에 대해 무수한 시나리오를 상상할 수 있는 능력이 있다. 그럼에도 우리는 발등에 떨어진 문제들을 처리하느라 고군분투하기에 지금 순간 너머를 바라보기 어렵다. 하지만 더 먼 미래를 깊이 생각할수록 미래를 자신이 원하는 모습으로 만들 능력은 더욱 향상된다. 이것이 힘의 법칙이다."

완벽한 환경에서
자라는 사람은 아무도 없다

프로이트와 스캇 펙 등 많은 심리 전문가들은 인간이 나르시시스트로 태어난다고 말합니다. 부모가 지혜를 담아 진심 어린 사랑으로 아이를 대할 때 아이는 서서히 나르시시즘에서 벗어나 성숙한 인격을 갖추게 된다고요. 에코이스트의 방식을 '사랑의 논리'라고 표현한다면, 나르시시스트의 방식을 '힘의 논리'라고 표현할 수 있습니다. 우리가 사랑의 논리와 힘의 논리 모두를 건강한 방식으로 적재적소에 사용할 줄 안다면 인간관계의 많은 문제들이 해결되고, 삶을 계속해서 안전하게 가꿔나

갈 수 있을 것입니다.

사실 보통 건강한 가정에서는 사랑의 논리를 어머니로부터 배우고 힘의 논리를 아버지로부터 배우는 경향이 있다고 해요. 건실한 어머니와 아버지를 통해 사랑의 논리와 힘의 논리를 아주 건강하게 사용하는 법을 배울 수 있죠. 정말 필요할 때 딱 필요한 만큼 지혜롭게 사용한다면, 사랑의 논리도 힘의 논리도 우리 인생에 도움이 되는 선한 도구가 될 수 있습니다. 지금 내 앞에 있는 사람의 에코이즘과 나르시시즘이 어느 정도인지에 따라 내가 어떻게 행동할지를 결정하고 실행하는 거예요. 내가 타인으로부터 어떤 대우를 받느냐에 따라 다른 반응을 하게 된다는 것이죠. 좋은 사람들 앞에서는 한없이 좋은 사람이지만, 나쁜 사람들 앞에서는 힘의 논리로 대응하며 절대 만만하지 않은 모습을 보이며 살아가게 됩니다. 소위 '강강약약'에 능한 온유하면서도 강단 있는 사람이 되는 거죠.

그런데 우리의 현실은 어떻습니까. 우리가 완벽하게 건강한 부모 밑에서 태어나고 자라서 사랑의 논리와 힘의 논리를 적절하게 배우기란 결코 쉬운 일이 아닙니다. 우리 부모님들도 상처입고 혼란에 빠지고 길을 잃고 스스로를 조절하는 능력을 잃어버리기도 하는 아주 연약한 존재이기 때문이에요. 아무리 정신적으로나 정서적으로 건강한 사람이었다고 하더라도 부모님들이 자녀들 앞에서 완벽하게 건강한 모습을 보이기는 어렵습니다. 이 세상에는 충격적인 사건사고들이 매일같이 일어나고 있으니까요.

그 때문에 오늘날 부모님들은 우리가 바라는 이상적인 모습과는 동떨어져 있는 경우가 많습니다. 수많은 아버지들이 힘의 논리를 잘못 사용함으로써, 사람들은 힘의 논리를 무조건 나쁘다고만 생각해 제대로 사용하는 법을 익히지 못하고 있죠. 그리고 수많은 어머니들의 왜곡된 사랑의 논리 때문에 사람들은 자기 자신과 타인을 객관적으로 바라보지 못하고 있어요. 그리하여 자신도 모르게 타인에게 끌려다니면서도 어찌해야 할지 몰라 문제가 더욱 악화되거나, 자신도 모르게 타인을 괴롭히면서도 그게 잘못인지도 모르는 삶을 살기도 합니다.

삶은 점점 문제로 가득 차게 되고, 그중 몇몇은 이를 풀기 위해 심리학 지식들을 공부하기 시작하는데, 만일 1990년대 이전의 심리학만을 공부한다면 어떻게 될까요? 문제의 원인을 부모님으로부터 찾고, 자신의 힘든 인생에 대해 부모님과 환경을 원망하는 마음을 갖기 쉽습니다. '왜 나는 이런 가정에 태어나서 이렇게밖에 못하고 사나, 왜 내 주변에는 나에게 필요한 말을 해주는 사람이 없었을까, 왜 그 사람들은 내 성격에 부정적인 영향을 그렇게나 많이 준 걸까' 등등의 생각에 빠지기가 쉬워요. 그러나 1990년대 이후 새로운 심리학에 대한 지식과 정보를 알게 되면 여러분의 생각은 조금 다른 방향으로 흘러갈 것입니다. 과거보다 미래를 더 많이 생각하게 되죠. 지금으로부터 10년, 20년, 30년 후 나는 어떤 삶을 살고 싶은지를 생각하고, 그 삶을 살기 위해 지금부터 무엇을 할 수 있는지에 초점을 맞추게 됩니다.

사랑받은 자처럼
살아가라

나르시시스트들의 괴롭힘으로 수년간 우울과 무기력에 빠져 있었던 저 역시 긍정 심리학자들의 조언에 따라 과거보다 미래에 시선을 두기 시작했습니다. 그리고 수십 년 앞을 내다보며 새로운 꿈을 꾸기 시작했어요. 유튜브 채널에서 몇 번 언급한 적이 있는데, 저의 꿈은 '아주 스마트한 할머니'가 되는 것입니다. 저의 아이와 아이의 자녀, 그리고 제 주변의 많은 사람들이 인생의 기로에서 지혜가 필요할 때, 저에게 연락해 조언을 얻고 싶어 하는 그런 사람이 되는 게 바로 저의 꿈이에요. 그 꿈을 이루기 위해선 공부할 게 참 많습니다. 공부만 해야 될 게 아니라

많은 사람들을 만나고 많은 일들을 직접 겪어보며 경험에서 나오는 지혜 또한 쌓아나가야 하죠.

이런 마음으로 살아가는 저의 경우, 제 관점은 과거가 아니라 미래를 향해 있다는 것을 말씀드리고 싶습니다. 저는 지금 제가 되고 싶은 사람이 되기 위해 필요한 것들을 하나하나 해나가는 중입니다. 그 와중에 유튜버가 됐고 작가도 되었고, 이렇게 두 번째 책 또한 쓰게 되었죠. 또한 우리나라 바깥에 있는 사람들과도 나르시시즘에 대한 생각을 나누고 싶어 요즘은 영어 공부에 푹 빠져 있습니다. 제 아들은 무럭무럭 자라나서 중학생이 되었고, 남편 또한 제 삶의 중요한 후원자이자 동반자로서 저를 계속 지지해주며 큰 힘이 되고 있습니다.

사실 저의 과거를 돌아보면 지금 제 모습을 상상할 수 없습니다. 지금은 돌아가셨지만 저의 친아버지는 돌아가시기 전까지 수십 년을 아내에게 폭력을 휘두르는 나르시시스트였고, 저는 늘 전쟁 같은 가정환경 속에 살던 연약한 아이였어요. 이 이야기는 제 채널에 영상으로 만들어 올린 적이 있고 지금도 그 영상을 찾아보실 수 있습니다. 어쩌면 1990년대 이전의 심리학 지식만을 가진 사람들은 저를 보면서 과거에 겪은 일들 때문에 지금 제 성격이 정상이 아닐 거라 판단할 수도 있고 또 제 인생이 앞으로 불행할 거라고 예측할 수도 있어요. 저 또한 1990년 대 이전의 심리학만을 알고 있을 때는 저 자신에 대해 평가절하 하곤 했습니다. '나는 절대 행복한 가정을 꾸릴 수 없을 것이며, 나는 늘 문제를 만들어내는 사람이고, 그렇기 때문에 이 세상에 내가 감당해야 할 사명 따위는 없다'라고 생각했어요.

저의 과거를 들여다보고 분석하면 할수록 저는 문제가 있을 수밖에 없는 사람이었고, 그리하여 사람들 눈에 띄지 않는 곳에서 조용히 투명인간처럼 살며 드러나지 않기를 바랐죠. 사회에 영향을 미치는 일에는 전혀 관심이 없었고 그저 조용히 평범하고 평화로운 가정을 만드는 것이 제 인생 최대의 꿈이었습니다.

그러나 지금의 저는 그때와는 생각이 많이 달라졌습니다. 이제 한층 더 발전한 긍정 심리학자들의 주장을 신뢰하게 되었기 때문이죠. 과거에 어떤 일이 있었든 그것이 많은 영향을 줄 수는 있겠지만, 내 인생의 앞길은 전적으로 나 자신이 만들어나가는 것임을 잊지 않으려고 합니다. 제가 신뢰하는 이 긍정 심리학자들의 말이 과연 맞는 말일지, 저의 미래가 그 결과를 말해주지 않을까요?

예로부터 수많은 사람이 지혜의 원천으로 여겼던 책, 성경은 우리에게 말합니다.

"부모를 떠나라. 그리고 사랑받은 자처럼 살아라."

우리가 성인이 되었다면 정신적으로, 정서적으로 부모님으로부터 완전히 떠나야만 합니다. 그리고 부모가 불완전한 사람이었다 할지라도 우리는 마치 완벽한 부모 밑에서 자란 사람들처럼 우리 자신이 내면적으로 온전한 사람이 되려고 노력해야 하죠. 사랑의 논리와 힘의 논리를 모두 건강하게 사용할 수 있어야 합니다. 평소에는 온화하게 타인을 존중하며 사랑의 논리로 살다가, 위험을 감지했을 때는 딱 필요한 만큼 적절하게 힘의 논리를 사용해 나 자신을 지킬 줄 아는 사람이 되는 것이죠.

만일 여러분이 에코이스트라면 나르시시즘에 대해, 그리고 나르시시스트를 제대로 다루는 방법인 적극적 자기주장에 대해 계속 공부하시기 바랍니다. 여러분이 적극적 자기주장에 능해져서 나르시시스트들을 잘 다룰 줄 알게 되고, 그리하여 자신과 주변의 소중한 사람들을 지키고 보호할 능력이 생기는 건 '사랑받은 자다운 삶으로 나아가는 것'을 의미합니다. 여러분이 만약 나르시시즘이 강한 사람이라면, 이 책에서 계속 언급하는 에코이스트들의 성격과 특성에 대해 공부하시기 바랍니다. 나에게 없는 부분을 채우고, 내가 잘라내야 할 부분들을 잘라내시기 바랍니다. 그리하여 더욱 사랑받은 자다운 삶으로 나아가셨으면 좋겠습니다.

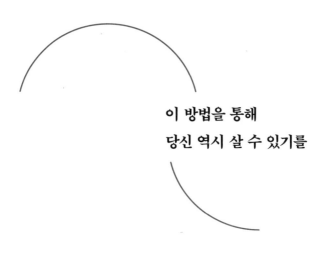

이 방법을 통해
당신 역시 살 수 있기를

나르시시스트에게 잘 당하는 사람들, 즉 에코이스트들은 그동안 무언가를 하기 위해서는 환경이 완벽해야 한다는 생각을 많이 해왔을 거예요. 왜냐하면 내가 어떤 일을 할 때 부작용이 생기거나 사고가 나는 걸 굉장히 싫어하기 때문이죠. 리스크가 있는 일들은 시작도 잘 안 하려고 하는 경향이 있습니다. 문제나 갈등을 더 이상 만들지 않고 축소시키기만을 원해요. 그래서 '하고 싶은 것'보다는 '해야 하는 일'들로 자신의 인생을 가득 채워왔을 확률이 높습니다.

저 역시 그랬습니다. 나르시시스트에게 된통 당하기 전까지는 하나부터 열까지 다 안전한 것만을 고집했었어요. 그러다 나르시시스트들에게 수년간 괴롭힘을 당한 후, 우울감과 무기력에 휩싸여 생과 사를 오가는 시점에서 다음과 같은 생각을 하게 되었습니다.

'어차피 이러다 죽을 바에는 내가 하고 싶었던 것들을 다 해보고 죽자. 나르시시스트에 대한 원망과 분노와 우울감이 나를 죽이나, 내가 하고 싶은 걸 다 하고 내가 벌인 일들의 결과 때문에 죽으나 뭐가 다를까.'

그리고 때마침 실력 있는 한 정신과 의사분으로부터 '쓸데 없는 짓을 많이 하라'는 조언도 얻게 되었습니다. 그렇게 저는 '나를 살려내는 것보다 세상에 더 중요한 게 뭐가 있나'라는 생각을 하기 시작했죠.

'쓸데없는 짓'을
많이 하세요

그때부터 저는 '이거 해서 어디에다가 쓰나' 싶을 정도로 쓸데없는 짓들을 하나하나 해나가기 시작했어요. 정말 모든 시간과 물질과 에너지를 총동원해서 제가 하고 싶은 것들을 전부 시도했습니다. 학원을 다니며 그림을 배워 1년 정도 열심히 그림을 그렸고, 그러다 갑자기 피아노에 관심이 생겨 피아노 학원에 등록해 열심히 피아노를 쳤습니다. 그렇게 또 1년쯤 지나니 갑자기 노래가 하고 싶더라고요. 그래서 열심히 보컬 트레이닝을 받으며 한 3년 정도 노래에 빠져 지냈죠. 이때쯤 되니, 저의 내면은 점점 활기로 가득해지기 시작했습니다. 그러다 갑자기 노래를 만드는 것이 재미있어 보여 작곡과 프로듀싱 공부를 하게 되었는데, 열심히 공부하며 함께 이야기 나누던 선생님과 학생들을 통해 알게 된 것이 바로 유튜브라는 플랫폼이었어요.

'이제 상처에서 완전히 벗어났구나'라는 생각이 들었을 때쯤, 저는 슬슬 유튜브의 매력에 빠져들고 있었습니다. 수많은 사람들이 자신의 생각과 경험을 이야기하는 영상들이 저에겐 너무도 재미있고 흥미로웠어요. 그저 즐거웠기 때문에 다양한 영상들을 시청하게 되었고, 어느 정도 시간이 지나자 이런 생각이 들기 시작했습니다. '어쩌면 나도 내가 겪은 일과 내가 공부한 것들을 가지고 저렇게 영상을 만들어볼 수 있지 않을까?', '마침 보컬과 프로듀싱을 공부했으니 목소리를 좀 더 아름답게 다듬어 내보낼 수 있는 장점이 있지 않을까?' 그러고는 또다시 학원에 등록해 영상 제작을 배우기 시작했습니다. 제 유튜브 채널 〈서랍TV_힐링크리에이터〉는 그렇게 저의 수많은 쓸데없는 짓들이 일종의 열매가 되어 이 세상에 태어났어요.

물론 이렇게 여러 가지 하고 싶은 것들을 하는 데에는 돈이 많이 필요했습니다. 돈이 부족할 땐 주변 사람들의 도움을 받았고 빚을 지기도 했어요. 저는 본래 빚지는 것을 마치 죄악처럼 여기던 사람이었는데, 저를 살리기 위한 일종의 '레버리지'로 빚을 이용하는 것은 결코 나쁘지 않다고 판단했습니다. 결과적으로 봤을 때 굉장히 잘한 선택이었다고 생각해요. 물론 에코이스트 특유의 예지력과 문제해결력 덕분에 미래에 다가올 위험을 치밀하게 관리할 수 있었고, 그런 식으로 제가 감당할 수 있는 한도 내에서만 일을 벌이고 수습할 수 있었죠. 때문에 저의 치유 방식은 에코이스트에게만 추천합니다.

죽어가는 나를
살려내는 방법

제가 에코이스트라고 믿어 마지않는 한 사람의 이야기를 잠깐 해볼까 해요. 바로 러시아의 소설가이자 비평가, 사상가인 도스토예프스키인데요. 1845년 도스토에프스키는 러시아의

혁명의 물결에 가담했다가 체포됩니다. 국가 질서를 전복하려는 혐의에 대해 유죄가 인정되어 사형선고를 받게 되죠. 총살형을 당하기 직전, 그의 머릿속에는 이런 생각이 스쳐 지나갔다고 해요.

'만약 내가 여기서 살 수 있는 기회를 얻는다면, 내 삶은 갑작스럽게 무한하고 완전한 영원으로 매초가 한 세기를 살아가는 것처럼 느껴질 것이다. 스쳐가는 모든 것을 소중하게 여기리라. 인생의 단 1초도 허비하지 않으리라.'

머리에 두건이 씌워지고 병사들이 소총을 들어 조준하고 있는 바로 그때, 갑자기 마차 한 대가 질주해 들어서며 집행을 멈추게 합니다. 그리고 감형 소식이 전달되었죠. 총살형 대신 4년간 시베리아 강제 노동 후 군대 복무를 마쳐야 하는 것으로 형이 바뀐 거예요. 4년간 나락 같은 감옥의 조건을 견뎌내며 글을 쓰는 것이 허락되지 않았기 때문에 도스토예프스키는 머릿속으로 소설을 쓴 후 모조리 외워두었다고 합니다. 이후 자유의 몸이 되자 그는 머릿속에 있는 내용을 가지고 미친 듯한 속도로 책을 써냈습니다. 《죄와 벌》, 《악령》, 《카라마조프가의 형제들》 등을 발표한 것이죠.

극도로 감성적인 인물이었던 도스토예프스키는 사형을 목전에 둔 그 순간 뼛속 깊이 죽음을 느꼈다고 합니다. 그리고 그는 남은 일생동안 의식적으로 자기 자신을 그날의 사형 집행장으로 다시 되돌리려고 노력했다고 해요. 그날의 기억을 통해 다시는 한순간도 허비하지 않겠다는 다짐을 되새기곤 했죠. 자신이 너무 편해지고 자기만족에 빠졌다고 느끼면, 카지노로 가서 일부러 가진 돈을 모두 탕진해버렸다고 합니다. 가난과 빚은 그에게 일종의 '죽음'을 상징했는데요. 즉, '무'에 가까운 상태로 자신을 내던지는 것을 의미했죠. 이를 통해 다시 태어나는 것을 경험하고 매번 새로운 삶을 시작했습니다. 또한 절체절명의 위기 순간으로 자신을 밀어 넣음으로써 절박함과 긴급함, 위기감과 압박감 등의 감정을 이용해 무서운 집중력을 발휘했으며, 순간순간을 허비하지 않고 소중히 여기려 했습니다.

물론 이런 방식이 모든 사람에게 다 적용될 수는 없을 거예요. 그렇지만 자신의 삶이 얼마나 중요하고 의미 있는 것인지 그 가치를 알면 알수록 우리는 때로 위험 속으로 일부러 자신을 내던질 수도 있음을 인정해야 합니다. 완벽한 결과가 예상되지 않더라도 내가 하고자 하는 일 자체가 얼마나 큰 의미인지를 깨달을 때, 그것을 위해 가진 모든 것을 다 쏟아붓고 때로는 전재산을 탕진할 수도 있다는 거예요.

이것은 우선순위의 문제입니다. 우리가 평소에 생각해오던 '하지 말아야 할 것'을 해야 할 때가 있다는 것이죠(물론 범죄는 안 됩니다). 여러분이 얼마나 중요한 가치를 추구하느냐에 달려 있습니다. 그 가치는 여러분의 생명이 될 수도 있고, 삶의 의미를 찾아가는 과정이 될 수도 있으며, 세상에 선한 영향을 주고자 자아를 실현하는 삶 자체를 의미할 수도 있습니다. 나의 욕심이나 탐욕, 거짓된 자아를 위해서가 아닌 진정 소중한 가치를 지키기 위해, 덜 중요한 것들을 때로는 포기할 수 있어야 한다는 거예요. 우리의 우선순위는 그렇게 재정립되어야 합니다.

그럼 가장 우선순위로 삼아야 할 가치는 어떻게 찾을 수 있을까요? 나 자신의 생명을 살려내는 것이 최우선이 되어야 하겠죠. 내가 살지 못하면 그 어떤 일도 의미가 없을 테니까요. 그런데 내가 그동안 잃어버렸던 '생명성'을 다시 찾으려면, 즉 나 자신에게 '다시 살아가고 싶은 마음'을 되찾아주려면, 나를 움직이게 만드는 무언가를 찾아야 합니다. 나를 일으킬 뿐 아니라 지속적으로 삶의 의미를 느끼게 해줄 만한 것을 찾아야 해요. 다시 말해, 내가 정말 좋아하고 하고 싶어 하는 일이면서 동시에 사회에 선한 영향력도 끼칠 수 있는 일을 찾아야 합니다.

우리는 그것을 '사명'이라고 부르죠. 그럼 이제 내가 정말 하고 싶은 것, 내가 추구하고 싶은 것을 어떻게 찾아낼 수 있는지 그 방법을 말씀드리겠습니다.

'사명'이 이끄는
삶을 향하여

다방면에서 활동하는 예술가인 줄리아 캐머런은 《아티스트 웨이》라는 책에서 "신을 닮은 인간으로서 내 안에 있는 창조성을 발휘해보고자 이리저리 움직이고 노력할 때, 신은 분명히 기뻐하며 도움의 손길을 내민다"라고 말합니다.

나의 악한 욕심을 채우기 위해 남을 해하려는 마음으로 하는 일이 아니라, 세상에 선한 영향을 끼치고자 하는 마음으로, 진심으로 세상이 더 나아지길 바라는 마음으로 여러분의 창조성과 영향력을 발휘하고자 애쓰는 거라면, 정말 여러분의 의도가 진심이라면, 신조차도 여러분을 돕는다는 것입니다.

그러므로 여러분을 제약하고 있는 모든 것들을 다 무시하세요. '그런 건 쓸데없는 짓이다, 그건 네가 할 수 있는 일이 아니다'라고 말하는 사람들의 음성도 머릿속에서 싹 다 지우셔야 합니다. 지금의 환경이나 상황, 다른 사람의 입장과 사정, 내 건강, 내가 가진 돈 등등 '충분하지 않아서, 부족해서 할 수 없다'라고 생각하게 만드는 모든 것을 다 무시해버리세요. 여러분이 자아를 실현하는 건 이 모든 걸 지키고 보호하는 것보다 훨씬 더 가치 있는 일입니다.

그리고 지금부터 상상해보는 겁니다. 만약에 모든 것이 다 갖춰져 있고 정말 뭐든지 할 수 있는 충분한 돈이 있다고 치는 거예요. 그러니까 나에게 한 500억 원 정도가 주어졌다고 상상해보는 거죠. 그때 나는 뭘 하면 좋을까, 모든 환경이 다 갖춰져 있다면 무엇을 하고 싶어질까, 한번 찬찬히 생각해보시기 바랍니다.

바로 떠오를 수도 있지만 시간이 많이 걸릴 수도 있어요. 그게 무엇인지 찾기를 포기하지만 마세요. 물론 지금 처한 상황과 환경을 완전히 무시하고 하고 싶은 대로 다 하면 위험할 수 있습니다. 그러나 여러분에게는 이 위험을 관리할 능력이 잠재되어 있습니다. 나르시시스트에겐 없지만 에코이스트에겐 분명히 있어요. 그리고 지금의 환경 속에서 조금씩 절충해나가는 방법 또한 분명히 있습니다.

여러분에게 만일 그 500억 원이 있다 할지라도, 처음에는 어린 아기가 걸음마를 걷듯이 아주 작은 노력부터 성실하게 해나가는 기간이 반드시 필요하죠. 기초적인 실력을 제대로 갖추기까지는 그 500억 원이 필요 없어요. 만일 여러분이 시나리오 작가가 되고 싶다면, 일단 매일 한 장씩이라도 써서 한 편을 완성해내는 게 중요하겠죠. 거기에는 딱히 큰돈도 필요 없고 아무리 환경에 제약이 있어도 매일 조금씩 할 수 있는 일입니다. 부모님에게 허락을 받아야 할 필요도 없고 사람들에게 밝히지 않아도 돼요.

정말 거창하게 모든 게 준비된 상태에서 시작하더라도 하루하루 기본으로 해야 할 작은 노력들을 게을리하면 그 큰돈도 무용지물이 됩니다. 그래서 '비록 내게 500억 원이 없지만, 지금 상황이 완벽하게 날 도와주지는 않지만, 내가 제대로 준비만 되면 나를 돕는 손길이 분명히 나타날 거다'라는 믿음을 가지고 지금 할 수 있는 아주 작은 일들을 일단 시작해보는 거예요. 갑자기 그림이 그리고 싶어졌는데 한두 달 그리다 보니 책이 쓰고 싶어지고 그래서 또 한두 달 하다 보니 이제는 발레가 배우고 싶고 이런 식으로 관심의 대상이 자주 바뀌어도 괜찮습니다.

일단 하고 싶은 것을 찾아서 하루 15분 또는 한 시간씩이라도, 지금 주어진 환경 안에서 할 수 있는 만큼만 매일 해보는 거예요. 해야 할 일과 하고 싶은 일을 어느 정도의 비율로 나눌지, 시간을 어떻게 배분할지 계속해서 고민하며 앞으로 나아가는 겁니다.

생각해보세요. 남의 문제에 에너지를 쏟고 남의 문제를 책임지고 해결하려고 하다 지쳐 쓰러져 인생을 포기하는 것보다는 차라리, 내가 정말 하고 싶은 것들을 시도하고 그로 인해 생기는 문제들을 책임지며 살아가는 게 훨씬 낫습니다. 어떤 문제도 일으키면 안 된다고 여러분에게 누가 말했나요. 딴사람들은 문제투성이로 살아도 괜찮지만 너만은 아무 문제가 없어야 한다고 누가 말했습니까. 여러분이 하고 싶은 일들을 하다가 문제가 생기면 그 누구도 도와주지 않을 거라는 믿음은 어디서 나온 거죠?

나이, 학력, 성별, 지역, 장애 등등 그 어떤 것도 여러분을 막을 수 없습니다. 정말 너무 재미있어서 몰입한 그 순간 나를 괴롭혔던 나르시시스트도 잊어버리고 나 자신까지 잊어버리게 되는 일이라면 가장 좋습니다. 내 속에 있는 욕구를 적절히 만족시키면서 동시에 내면에 가득 들어 있는 감정들을 표현할 수 있는 창조적 활동일수록 더욱 좋아요. 문학, 미술, 음악, 공예, 무용, 연기, 스포츠 등 나의 느낌, 나의 감정을 표현할 수 있는 것이라면 무엇이든 좋습니다. 표현되지 못해서 나를 괴롭히고 있는 수많은 생각과 감정을 바깥으로 뿜어낼 수 있어야 합니다. 결국 여러분이 바깥으로 뿜어내는 것들이 사실은 이 사회가 정말 필요로 하는 것이고, 많은 사람들에게 힘이 되는 것임을 경험하게 될 거예요. 부모님 또는 주변 사람들이 그딴 쓸데없는 짓을 왜 하냐고 비난할 수 있고 특히 나르시시스트라면 자신에게 이득이 안 되는 일을 절대 하지 못하게 막겠지만, 그들의 말이 항상 정답인 건 아닙니다.

이렇게 쓸데없는 일, 내가 하고 싶은 일을 찾아내고 취미로 하든 일로 삼든 꾸준히 하다 보면, 실력은 늘 수밖에 없겠죠. 하기 싫은데 억지로 하는 것과는 비교도 안 되게 빠르게 실력이 늘어나는 것을 경험하게 되실 거예요. 그리고 시간이 흐르면서 다양한 사람들과 정보를 더 접하게 되겠죠. 그러면서 내가 이 사회에서 수많은 사람들 중에 어떤 사람인지를 객관적으로 인지할 수 있는 능력이 생깁니다. 메타인지 능력은 이렇게 생기는 거예요. 자신의 재능을 발전시키고 다른 사람들과 교류하면서 그 속에서 자신이 누구인지, 어떤 사람인지를 제대로 발견하게 되는 거죠.

내 능력의 최대치가 어느 정도인지 직접 확인해보지 않는 한, 나 자신을 과대평가 혹은 과소평가할 수밖에 없습니다. 아무에게도 나를 제대로 보여주지 않으면서 남들이 나를 제대로 판단해주기 바라는 건 사실 말이 안 되죠. 다른 사람들에게 없는 능력이 내게 있다는 것을 발견했을 때, 그 능력을 묻어두지

말고 소중히 여기시기를 바랍니다. 그리고 제대로 잘 다듬고 발
전시켜서 선한 영향력을 펼칠 수 있는 분야를 찾아 기여하세
요. 몇 년이 걸릴지 모르는 일이지만, 이것이 바로 여러분이 사
명을 발견하는 방법입니다.

다른 모든 것을 포기하더라도
지켜내야 할 우선순위

도스토예프스키는 자기 삶을 더 의미 있게 만들기 위해 절
박함이 필요했고, 위기에 처했을 때만 절박해지는 자기 자신을
잘 알고 있었습니다. 그래서 일부러 위기 속으로 자신을 밀어
넣고 거기서 파생된 에너지를 가지고 위대한 창조 활동에 몰입
할 수 있었죠. 여러분이 가진 모든 것, 지금 누리고 있는 안정감
과 편안함을 포기해서라도, 빚을 져가면서라도, 사람들에게 질
타받을 위험을 감수하면서라도 이루고 싶은, 해내고 싶은 일이
무엇인지 오늘 한번 생각해보셨으면 좋겠어요.

일생의 사명을 만나게 되면, 여러분의 고질병이었던 늑장부
리고 뒤로 미루는 버릇이 마법처럼 사라지게 될 겁니다. 일부러
애쓰지 않아도 자기 관리가 철저하게 자리 잡히게 될 거예요.

물론 그 길을 가는 동안 의심이나 두려움, 내가 사기꾼이 된 것 같은 그런 감정은 사라지지 않는다고 해요. 그렇지만 그것은 완벽하고 이상적인 세상이 아닌 현실을 살아가고 있기에 어쩔 수 없이 드는 감정이라고 합니다. '내가 드디어 현실에 적응했구나'라는 뜻으로 받아들이면 된다고 해요.

이 이야기가 도움이 되는 분들도 있겠지만, 아직 상처가 깊어서 이런 이야기조차 귀에 들어오지 않는 분들도 있으실 거예요. 상처가 너무 깊어 꼼짝하기 힘든 상황이라면, 먼저 나 자신을 소중한 사람 대하듯 아주 잘 보살피고 대접해주어야 합니다. 잘 쉬고 잘 먹고 때로 작은 선물도 해주며 스스로를 위로하고 격려하면서 조금씩 에너지를 축적해나가야 해요. 그 후 시간이 지나 이제 좀 숨이 쉬어지고 걸을 수 있겠다 싶으면, 그때부터 조금씩 내가 하고 싶은 것, 사명 등에 대해 고민을 시작해보시면 되겠습니다.

어쨌거나 내가 건강해지는 것, 내가 사는 것이 그 무엇보다 더 중요하다는 것을 기억하세요. 그리고 제대로 된 사명을 찾아 어느 정도 성과를 이루기 전까지는 '지금은 나에게 투자해야 할 때다'라고 생각하세요. 주변에서 도움도 많이 받으시고요. 한동안 좀 더 이기적으로 자기만 챙기며 사셔야 합니다. 그렇게 모든 시간과 에너지와 물질을 나 자신에게 투자한 후 나중에 정말 건강해진 자신이 어떤 일을 할 수 있는지, 얼마나 대단한 일을 하고 얼마나 많은 사람들에게 선한 영향력을 미치며 살게 되는지 꼭 경험하시기를 바랍니다.

2장

당신은 그런 대우를 받을 사람이 아닙니다

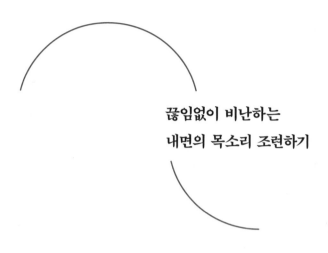

끊임없이 비난하는
내면의 목소리 조련하기

　　나르시시스트로부터 오랜 기간 너무 많은 부정적인 말들을 들어왔던 사람들에게는 한 가지 공통적인 습관이 있습니다. 바로, 주변 사람들로부터 비난과 지적을 조금이라도 더 듣지 않기 위해 온갖 노력을 한다는 거예요. '저 사람이 나를 비난하지 않을까, 지적하지 않을까' 염려하는 마음에 주변 사람들의 반응을 예측하려고 늘 애쓰게 되고요. 남들이 아무 말 하지 않았는데도 '저 사람이 나한테 이런 말을 하기 전에 미리 대비하자'라는 생각으로 자신의 행동을 늘 검열하죠. 내가 받게 될 비난과 지적을 늘 미리 그리며 예상하기 때문에, 머릿속에는 항상 나 자신을 향한 비난과 지적, 조롱에 대한 생각들이 끊이지 않습니다.

결국 그 생각들이 반복되고 또 반복되면서 스스로에 대한 비난과 조롱을 내면화하게 되죠. 다른 누가 나를 비난하기 전에 먼저 나를 비난하고 조심하는 것이 습관이 돼버려요. 여러분 스스로가 자기 자신에게 폭군 노릇을 하게 되는 겁니다. 내가 나 자신의 폭군이 되어, 계속해서 과거를 돌아보게 하고 미래를 예상하게 하고 걱정하게 만듭니다. 그리고 자신과 남들의 말을 하나하나 분석하느라 시간을 허비하게 만들어요. 여러분은 자기 스스로에게 나르시시스트의 역할을 하고 있는 셈입니다.

나의 내면에 존재하는
폭군을 처치하는 법

그렇다면 이렇게 나의 내면에서 들려오는 비난과 지적의 말들에 대해 우리는 어떻게 대응해야 할까요? 우리 내면에서 한없이 우리를 깎아내리고 지적하고 흠잡는 말들이 들려올 때, 이를 해결할 두 가지 방법이 있습니다.

첫 번째, 마음속 폭군에게 이름을 붙여보는 겁니다.
크리스텔 프티콜랭은 《나는 생각이 너무 많아》라는 책에서 우리 내면에 있는 그 폭군에게 일단 이름을 붙여보라고 제안합니다. 내 마음속에 사는 이 폭군은 하루 종일 나를 따라다니면서 사사건건 트집을 잡고 '뭘 해야 된다, 하지 말아야 된다, 왜 그거밖에 안 되냐, 그게 최선이냐' 등등의 말을 늘어놓죠. 이 폭군에게 한번 이름을 붙여보는 거예요. 크리스텔은 '제프', '로버트' 등등의 이름을 예로 듭니다.

이 목소리는 사실 나르시시스트의 목소리이기에 저는 '나' 자를 붙여서 한국식으로 '나돌이', '나순이' 뭐 이렇게 붙여보면 어떨까 싶어요. 아니면 여러분이 생각하는 그 어떤 이름이든 다 괜찮아요. 그렇게 이름을 붙이고 나서는 비난의 목소리가 들려올 때마다 아주 단호하게 이렇게 말하는 겁니다.

"나돌이, 이제 그만! 됐거든? 그만 닥치고 꺼지자."

참 유치한 방법인 것처럼 들릴 수도 있지만, 생각 이상의 효과가 있습니다. 여러분의 단호한 말을 듣고는 여러분 속에 있는 나돌이, 나순이가 흠칫 놀라 한 발짝 뒤로 물러서는 것을 느끼게 되실 거예요. 또한 크리스텔의 말에 따르면, 우리 나돌이와 나순이를 향해 뜬금없이 노래를 불러주는 것도 하나의 방법이 된다고 합니다. 그냥 좋아하는 노래를 불러서 신경을 다른 데로 돌려버리는 거예요. 내가 비난과 지적의 말이 아닌 다른 것에 집중할 수 있도록 말이죠. 그리고 날을 잡아서 내 안에 사는 이 폭군을 해고하고 환송회를 열어주는 것도 좋은 방법이라고 합니다.

나돌이와 나순이는 이제 그만 해고하고, 대신에 아주 매력적이고 건강하고 스마트한 코치를 영입하는 거죠. 그래서 나돌이, 나순이 대신에 이 멋진 코치가 우리 내면에서 활동하도록 만드는 거예요. 김 코치, 윤 코치, 박 코치 등등 이름이나 별명을 붙여주고 환영식을 해주는 것도 좋습니다. 이 코치들은 칭찬의 중요성을 잘 알고 실천하는 스마트한 존재들입니다. 그들을 상상하고 이미지화하는 것이 더 큰 효과를 가져올 수 있어요. '윤 코치 나 잘했어?'라고 묻고는 한번 목소리를 들어보세요. '너무 잘했어. 전혀 걱정하지 마, 이제 다 돼간다. 얼마 안 남았어, 이보다 더 잘할 수는 없지. 다른 누구도 이만큼 할 수 없었을 거야, 너무 대견해. 자, 보상으로 오늘 무슨 선물을 해줄까?' 등등의 따스한 목소리가 들려올 겁니다.

내가 남들에게 무슨 말을 해주는지를 의식적으로 기억하고 적어두었다가, 그 말들을 그대로 나 자신에게 해주는 것도 좋은 방법이 될 수 있어요. 보통 에코이스트들은 자기 자신에게만 폭군처럼 대하지, 남들에게는 사랑이 넘치는 말들을 해주는 경향이 있거든요. 시간이 있을 때, 지인과의 통화 내용을 한번 녹음해서 다시 들어보세요. 그리고 내가 했던 말들을 받아 적어보시기 바랍니다. 자신이 얼마나 친절하고 다정한 사람인지 깨닫게 될 거예요. 그리고 그 말들을 나 자신에게 해주는 겁니다. 내가 남들에게 들려주는 사랑이 넘치는 지혜의 말들을 이제부터 나 자신에게 해주는 거예요.

두 번째, 내면의 비관적인 음성들을 오히려 긍정적으로 이용하는 겁니다.

애덤 그랜트의 책《오리지널스》에 따르면, 이 비관주의가 야망과 한 팀으로 묶이게 되면 뛰어난 결과가 나올 수 있다고 합니다. 즉, 여러분 내면에 있는 그 폭군을 '내 꿈을 이루기 위한 도구'로 사용하는 거예요. 사실 어떤 분야에서든 최고가 되고 싶다면 내가 나의 가장 가혹한 비평가가 되어야 합니다.

그런데 현재 자기 자신의 모습에 대한 자신감으로 똘똘 뭉친 사람들은 그렇게 할 수가 없죠. 애덤 그랜트의 말에 따르면, 자신감이 넘치는 사람들은 내면에 그 잔혹한 비평가가 없기 때문에 스스로 변화의 필요성을 느끼지 못하고, 따라서 더 이상 발전하지 못하므로 성공을 향해 가지 못한다고 합니다. 각 분야에서 최고가 되기 위해서는 자기 내면에 반드시 냉정한 비평가가 있어야 한다는 거예요. 우리는 내면에서 들려오는 이 비난의 목소리를 자아실현을 위한 도구, 성공의 도구로 삼을 수 있습니다. 다른 누구보다 더 냉철한 비평가가 내 안에 살고 있기 때문에 일에서 실패할 확률이 확연히 낮아지는 거죠. 물론 성공하려는 욕구가 별로 없는 분들에게는 그렇게 좋은 소식이 아닐 수도 있어요. 그렇지만 세상에 수많은 사람들이 갖고 싶어하는 무언가를 내가 이미 가지고 있다는 건 사실 어쩌면 큰 축복을 받은 게 아닐까 생각합니다.

자신감이 없어도
괜찮아

내면의 폭군으로부터 장기간 휘둘려온 사람들은 평소 삶 속에서 자신감이 없을 수밖에 없습니다. 내가 무엇을 해도 잘한 것보다는 잘못한 것이 먼저 떠오르는데, 자신감이 있을 수가 없죠. 이런 분들은 섣불리 자신감을 가져보려 억지로 애를 쓰기보다는, 자신감을 대체할 만한 다른 한 가지를 갖추려 노력해보시면 좋을 것 같아요. 심리학자 앨버트 엘리스는 이렇게 말했습니다.

"자신감은 인간의 가장 큰 질병이다. 왜냐하면 거기엔 조건이 따르기 때문이다."

무언가를 이뤄냈을 때, 성공적인 결과가 나왔을 때 그때만 느껴지는 것이 바로 자신감입니다. 제대로 된 성과가 나타나지 않는 상황에서는 자신감을 갖는 게 정말 어렵습니다. 또한 자신감은 자칫 거만함이나 이기심, 무례함 등으로 발전할 수 있다는 단점이 있죠. 그래서 이 자신감의 대안으로 삼을 수 있는 것이 무엇이냐, 바로 '자기 연민'이라고 합니다. 자기 연민은 자신을 불쌍히 여기는 거예요.

사라 데이비스Sarah Davies, 에이미 말로 맥코이 등 정신적 학대에 대해 오랜 기간 연구해온 전문가들은 치유에 대해 이야기할 때마다, 이 '자기 연민'이 얼마나 중요한지를 설명합니다. 자기 연민을 키우면 자신감의 장점만 취하고 단점은 버릴 수 있다고 해요. 자신과 세상을 더 정확하게 볼 수 있으며, 실패했을 때는 스스로를 가혹하게 비난하지도 않는다고 합니다. 자기애에 빠지지 않으면서도 나 자신을 너그럽게 보고 내 능력을 좋게 볼 수 있게 되죠. 그렇게 되면 사람들의 호감을 살 수 있다고도 합니다.

또한 신경과학 연구에 따르면, 자기 연민이 늘어나면 타인에 대한 공감 능력도 함께 커진다고 해요. 과도한 자신감은 타인에 대한 공감 능력을 저하시킬 위험이 있는 반면에 자기 연민은 그런 위험성이 전혀 없다는 것입니다. 자기 연민이 있는 사람은 자신의 가치를 계속 증명해야 한다는 생각에 시달리지도 않고, 자격지심을 갖지도 않습니다. 자신을 너그럽게 볼 수 있기 때문에 성숙한 사람으로서 가져야 할 책임감은 늘어나지만 중압감은 오히려 줄어들게 되죠. 자신에게 자비를 베푸는 사람은 자책하지 않습니다. 그렇기 때문에 실패에 대한 두려움도 적어진다고 해요.

　그런데 이렇게 자기 연민을 가지고 자신을 너그럽게 바라보려면 어떻게 해야 하느냐, 먼저 나 자신이 신이 아니라 그저 인간이라는 사실을 깨달아야 한다고 합니다. 신이 아니라 인간이기 때문에 당연히 완벽할 수 없다는 사실을 인지해야 한다는 거죠. 나 자신이 단점이 있을 수밖에 없는 한낱 인간에 불과하다는 사실을 먼저 받아들여야 합니다. 완벽하려고 노력하는 것 자체가 사실은 무지에서 비롯된 비합리적인 행동이라는 것을 인정해야 해요. 이런 생각을 갖게 되면, 아까 말씀드렸던 내 마음속에 존재하는 멋진 코치가 너그러움까지 겸비하게 되는 겁니다. 그 코치가 나 자신에게 다음과 같은 말을 하도록 만드세요.

'와, 이런 상황에서 이 정도 했으면 진짜 잘한 거야. 너는 신이 아니라 인간이잖아. 인간은 완벽할 수 없어. 그런데도 이 정도까지 한 걸 보면 정말 자랑스럽다.'

습관이 될 때까지 스스로에게 계속해서 말해주세요. 자기 연민을 키우려면 이런 식으로 자기 자신과의 대화가 지속적으로 이어져야 한다고 합니다. 그리고 한 가지 더 말씀드리자면, 심리학자들은 예지력과 창의력을 가진 사람들은 만성적인 불안과 불만으로 고통을 겪을 수밖에 없다고 해요. 여러분은 때때로 자기 자신에 대해 그리고 지금의 상황에 대해 불안하고 불만을 가질 수 있습니다. 그럴 때마다 '내가 왜 이러지, 이러면 안 되는데' 하고 불편하게 여기지 말고, 스스로에게 이렇게 말해주세요.

'이렇게 느끼는 건 전혀 잘못된 게 아니야. 이렇게 느끼는 건 당연한 거야. 너는 예지력과 창의력이 뛰어난 사람이니까 종종 불안할 수밖에 없어. 괜찮아, 네가 아주 멋진 존재라는 증거야.'

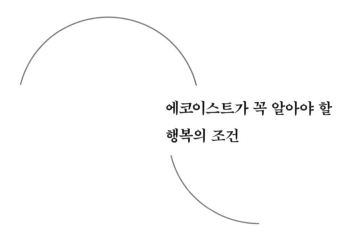

에코이스트가 꼭 알아야 할
행복의 조건

《마틴 셀리그만의 긍정심리학》 책에서는 인간의 약점보다 강점에 초점을 맞춘 과학적인 사고방식을 소개합니다. 우리가 행복한 인생을 꾸려나가기 위해서는 자신의 흠이나 약점을 뜯어 고치려 애쓰기보다는, 내가 가진 강점을 살리고 더욱 발전시켜나가는 방식이 훨씬 더 효율적인 전략이라고 말해요. '개인의 강점과 미덕을 발휘하는 것'이 행복의 필수 요건이라고 설명하죠. 이 책은 한 가지 예시를 통해 좀 더 쉽게 이해를 돕고 있는데요. 바로, 연구실로 데려온 '도마뱀'에 관한 이야기입니다.

한 연구진이 어떠한 연유로 희귀한 아마존 도마뱀을 연구실로 데려올 수밖에 없었다고 해요. 그런데 이 도마뱀이 연구실로 온 그날부터 아무것도 먹질 않더랍니다. 그 어떤 먹이를 갖다 줘도 먹지 않고 버티기만 했다고 해요. 오랜 기간 온갖 방법을 다 써보았지만 소용없었고, 나중에는 도마뱀이 굶어죽을까 봐 걱정이 될 정도였다고 합니다.

그러던 어느 날 연구원이 아무 생각 없이 신문지를 던져 샌드위치 위에 덮어 올려놓게 되었는데요, 그걸 보곤 도마뱀이 갑자기 달려들어 신문지를 갈기갈기 찢은 다음 눈 깜짝할 사이에 샌드위치를 다 먹어치웠다고 합니다. 도마뱀은 무언가를 먹기 전에 은밀하게 기어가서 와락 덤벼들어 갈가리 찢은 다음에야 먹도록 진화되어왔고, '사냥'이 바로 도마뱀의 강점이기 때문에 자신의 강점을 발휘하고 나서야 식욕을 느낀 것이죠. 그 정도로 도마뱀의 삶에서 사냥이라는 강점은 필수 요소였습니다. 쉽게 말해서 이 희귀한 아마존 도마뱀은 직접 사냥한 것이 아니면 굶어죽을 때까지 아무것도 안 먹는, 아니 못 먹는 동물이었던 거예요.

에코이스트의
강점을 찾아서

인간이 느끼는 온갖 쾌락과 식욕도 갖가지 행동과 결부되어 있기 때문에 이런 행동을 무시하면 안 된다고 합니다. 개인의 강점과 미덕을 제대로 발휘하지 않은 채 삶에서 만족을 얻을 수는 없다고 해요. 그건 도마뱀을 굶어 죽게 할 뿐 아니라, 막대한 부를 쌓고도 우울증에 시달리는 수많은 사람을 정신적 허탈감에 빠지게 한다고 합니다. 자신의 강점을 파악하고 계발하려는 굳은 의지는 행복의 필수 조건이면서 동시에 훌륭한 우울증 완화제가 된다고 하는데요.

쉽게 쾌락을 얻을 수 있는 길을 선택하기보다는 나의 강점을 잘 발휘해서 만족을 자아내는 '몰입'을 많이 경험할수록 우울에서 벗어날 수 있게 된다고 합니다. 내가 정말 하고 싶은 무언가에 몰입함으로써, 내가 가진 재능과 실력을 쏟아붓고 거기에서 만족감을 얻는 경험을 많이 할 때 점점 더 행복에 가까워진다는 거예요.

물론 열심히 몰입한다고 해서 모든 게 다 잘될 거란 얘기는 아닙니다. 열심히 몰입했어도 때에 따라 실패한 결과물을 낳을 가능성도 있어요. 그러나 그럴 때마다 에코이스트가 가진 특유의 관찰력과 분석력을 통해 문제를 해결할 방법을 찾을 수 있을 겁니다. 그렇게 문제들을 풀어나갈 때마다 자기 자신에게 감탄과 찬사를 아끼지 않게 될 거고요.

에코이스트들은 대다수의 사람들이 가진 '비현실적 낙관주의'와 거리가 먼 사람들입니다. 이들은 보통 자신이 평균적인 사람, 보통 사람이라고 믿는 경향이 있는데요. 전문가들은 보통 사람들의 특징에 대해 다음과 같이 말합니다.

"대부분의 사람들은 아무 근거 없이 자신을 평균 이상이라 생각하고 현실과 상관없이 자신을 긍정적으로 평가하고 자신의 판단이 옳다고 착각하며 살아간다."

이를 '평균 이상 효과'라고 합니다. 모든 운전자들 중 90퍼센트가 자신의 운전 실력이 평균 이상이라고 생각하고 거의 모든 사람들이 자신은 평균 이상의 유머 실력을 갖고 있다고 생각합니다. 국내외 이혼율이 점점 늘어가고 있는데도 대부분의 사람들은 결혼할 무렵 자신이 이혼할 수도 있다는 가능성을 전혀 생각하지 못하죠. 학생들이 자신의 미래를 그릴 때 직장에서 해고당할 확률은 생각하지 않으며 나쁜 식습관을 갖고 있으면서도 심장마비나 암에 걸릴 확률을 생각하지 않습니다. 사람들은 그저 불행이 자신을 비껴갈 거라는 근거 없는 낙관주의에 빠져 살고 있지요.

이와 달리 에코이스트들은 어떻습니까. 이들은 현실적으

로 일어날 수 있는 모든 일의 가능성을 염두에 두며 살아갑니다. 자신이 실수할 가능성, 갑자기 일이 잘못될 가능성, 자신의 선택이 그릇된 결과를 낳을 수도 있다는 생각 등등. 대다수 사람들은 별로 고려하지 않는 것에 대해 항상 심사숙고하며 살아갑니다. 그렇기 때문에 다른 사람들에 비해 자주 우울해지고, 종종 남들이 내 생각을 이해하지 못한다는 느낌을 경험할 수밖에 없어요. 이것은 자존감 문제가 아닙니다. 그저 이 세상을 너무 정확하게 보고 있기 때문에 일어나는 일이에요.

에코이스트들은 남들보다 이 세상을 좀 더 정확하게 바라보고 있기 때문에 일상을 대할 때마다 버거운 감정이 듭니다. 남들이 하지 않는 염려와 근심과 걱정 속에 휩싸여 지내게 돼요. 그런데 이것을 좀 다른 시각으로 보면, 에코이스트들은 상황을 남들보다 정확하게 들여다보고 분석하는 능력이 있기 때문에 어떤 문제에 맞닥뜨렸을 때 남들이 제시하지 못하는 현실적인 문제 해결법을 찾아낼 수 있다는 의미이기도 하죠.

평범한 대다수의 사람들은 관찰과 분석에 그렇게까지 에너지를 많이 쓰지 않습니다. 그저 주변 환경과 분위기의 변화에 따라 그냥 남들 하는 대로 따라가기만 하는 경향이 있어요. 그러나 에코이스트들은 그렇지 않아요. 이들은 완전히 다른 삶의 자세를 가지고 인생을 살아갑니다.

지금 혹시 우울하다면, 세상의 부조리함을 온몸으로 느끼고 있기 때문입니다. 너무 많은 것을 진실하게 현실 그대로 보고 있어서죠. 언젠가 몸과 마음이 어느 정도 회복되고 나면 이 능력을 자아실현과 사회 발전을 위해 어떻게 사용할 수 있을지, 어떻게 하면 나의 강점과 도전 정신을 최대한 발휘하면서 살아갈 수 있을지 고민해보시기 바랍니다.

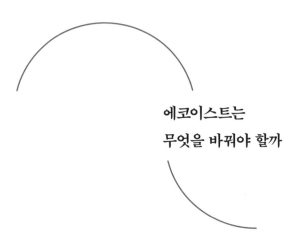

에코이스트는
무엇을 바꿔야 할까

에코이스트들이 늘 겪는 남모를 고민이 한 가지 있습니다. 이들은 남들보다 뛰어난 관찰력과 분석력을 기반으로 앞으로 일어날 일을 예견하고 미리 문제를 예방하는 능력이 있어요. 이들이 가진 예지력은 무슨 초능력 같은 게 아닙니다. 그저 어떤 일을 관찰하여 반복되는 패턴을 발견하고, 이를 기반으로 앞으로 일어날 일을 추리해내는 것이죠. 마치 탐정처럼 말이에요. 에코이스트들은 이런 식으로 실제 삶에서 많은 문제를 해결하며 살아갑니다.

그런데 참 안타깝게도, 그런 자신의 생각과 의견을 사람들에게 설득하는 데 어려움을 겪어요. 문제해결력이 있고, 문제를 해결하기 위한 정확한 해법을 알고 있어서 사람들에게 그것을 알려주고 싶어 하지만, 사람들은 이들의 말에 귀를 기울이지 않습니다. 옳은 말, 맞는 말을 하고도 오히려 사람들에게 인정받지 못하고 미움받는 일들이 생겨요. 시간이 지나고 결국 에코이스트의 말이 옳았다는 사실이 드러나도 사람들은 전혀 그 일을 기억하지 못하죠. 이처럼 선견지명은 있으나 장차 일어날 불행을 막거나 대비할 수 없는 안타까운 입장을 '카산드라 신드롬'이라고 합니다. 이해를 돕기 위해 《그리스 로마 신화》 속 인물 카산드라를 소개해드릴게요.

트로이에 아름다운 공주 카산드라가 살고 있었습니다. 아폴론은 그녀의 아름다움에 반해 청혼했고 카산드라는 이 아폴론에게 예언하는 방법을 가르쳐달라고 청합니다. 그런데 카산드라는 이 예언술을 터득하자마자 마음이 변해서 아폴론과의 혼인을 거부하죠. 아폴론은 자신을 거절한 카산드라에게 앙심을 품고 그녀의 말에서 설득력을 빼앗아버립니다. 그 후로 카산드라가 아무리 정확한 예언을 해도 그녀의 말을 믿는 사람이 없었다고 해요. 카산드라는 트로이 목마가 적들의 계략이라는 것뿐 아니라 여러 가지 중요한 예언들을 하지만 아무도 그 말을 귀담아듣지 않습니다.

이처럼 누군가가 미래를 내다보고 옳은 말을 하는데 사람들이 듣지 않고 믿지 않아서 대비할 수 없는 그런 안타까운 입

장에 처하게 되는 게 바로 '카산드라 신드롬'입니다. 에코이스트
들에게 이 카산드라 신드롬은 아주 익숙한 일이죠. 이 카산드
라 이야기를 통해서 우리가 깨달아야 할 것은 통찰력이 있어도
설득력이 없으면 아무 소용이 없다는 겁니다. 사람들을 설득할
수 없는 예언이 얼마나 소용없는가를 알 수 있죠.

사람들은 왜
에코이스트의 말을 듣지 않을까

에코이스트들은 대화 속에서 비언어적 표현 하나하나를
모두 알아차리는 사람들입니다. 이들은 말하는 사람의 감정을
정확하게 인식하고 느낄 수 있어요. 그뿐 아니라 상대가 무슨
생각을 하는지 종종 예측까지 하면서 대화를 이어나가죠. 이렇
게 두뇌 회전이 매우 빠른 에코이스트들과는 달리, 보통 사람
들은 비언어적 표현에 둔감하고 타인의 감정을 잘 느끼지 못하
며, 상대가 무슨 생각을 하는지 예측하지 못합니다. 또한 보통
사람들은 에코이스트들의 생각의 속도를 따라가지 못할 뿐더
러 이들만큼 창의적으로 생각을 전개해나가지 못해요. 그렇기
때문에 에코이스트의 이야기는 평범한 사람들에게는 굉장히

이질적으로 느껴질 수 있습니다.

많이 경험해보셨을 거예요. 에코이스트가 현실을 정확하게 보고 정말 좋은 의도로 문제점이나 해결책에 대해 말하지만, 정작 사람들은 좋은 일에 초를 친다며 싫어합니다. 시간이 흘러 당신의 말이 맞았다고 밝혀져도, 사람들 대부분은 여러분이 뭔가를 알고 얘기했을 거라고는 상상하지 못하죠. "내가 말했었잖아요!"라고 감히 말을 꺼냈다가는 이미 불행한 결과를 겪고 있는 사람들로부터 더욱 비난당할 뿐이에요. 특히 나르시시즘이 강한 사람일수록 여러분에게 그런 능력이 있다는 것을 전혀 인정하려 들지 않을 겁니다. 자신은 꿈도 못 꾸는 그런 어마어마한 능력이 누군가에게 있을 거라고는 도저히 인정할 수 없고, 인정하기도 싫을 테니까요.

당신에게 필요한 것은 '카리스마'

애덤 그랜트의 책 《오리지널스》에도 이와 관련한 이야기가 나옵니다. CIA에서 일하는 한 직원이 굉장히 효율적인 아이디어를 조직에 제안했어요. 하지만 의견이 완전히 묵살당하고 그는 많은 스트레스를 견뎌야 했죠. 그런데 이 직원은 우선 조직에서 주어진 일들을 충실하고 묵묵하게 함으로써 먼저 신뢰를 쌓습니다. 몇 년 후 어느 정도 지위가 오른 다음에 솔직한 의견을 다시 조직에 제안했을 때 그 의견이 굉장히 잘 받아들여졌고 결국 직장 전체에 엄청난 이익을 가져다주게 되었다고 해요.

이 사례에서 알 수 있는 건 우리가 어느 정도 권력과 지위가 있을 때, 즉 카리스마가 있을 때 얘기해야 사람들이 들어준다는 겁니다. 권력과 지위를 부정적으로만 보는 사람들이 있는데, 사실 이 권력과 지위는 충분한 시간을 들여서 많은 사람들 앞에서 신뢰를 형성해야만 얻을 수 있는 것이죠.

아무리 효과적이고 참신한 아이디어라 할지라도, 카리스마가 받쳐주지 않으면 사람들이 받아들이지 않는다는 거예요. 사람들은 여러분이 과거에 어떤 말과 행동을 했는지 어떤 성과를 냈는지를 보고 나서 신뢰를 가집니다. 왜냐하면 믿지 못할 사람들을 워낙에 많이 경험하고 살거든요. 일단 내가 사기꾼이 아니라 신뢰할 만한 사람임을 먼저 증명해야만 사람들은 귀를 열고 이야기를 듣습니다. 사람들에게 나를 신뢰할 시간을 충분히 먼저 주는 게 설득력을 얻는 데 굉장히 중요한 요소라는 것이죠.

약하다는 이유로 자기 의견을 말하지 못하는 그런 사회가 되면 안 되겠죠. 그러나 5살 아이와 50세 어르신이 "인생은 허무하다, 너 자신을 알아라"는 말을 할 때 느낌은 완전히 다릅니다. 우리가 하는 말의 내용보다는 그 내용을 담는 그릇이 더 중요할 때가 있다는 거예요.

때로는
침묵도 필요하다

에코이스트들은 사람들에게 도움이 되려는 좋은 뜻으로 옳은 말들을 합니다. 하지만, 이 깨달음이라고 하는 건 스스로 얻을 때 가치 있는 것이죠. 만일 잘못된 길이라 하더라도 본인이 직접 경험하고 느껴봐야만 제대로 판단을 내릴 수 있습니다. 그러니 여러분의 예감이 아무리 정확하고 옳고 상대방에게 도움이 되는 말이라 하더라도, 침묵하는 것이 더 나을 때가 분명히 있습니다. 일단은 침묵하고 사람들이 자신만의 방식으로 살아가게 내버려두세요. 정말로 참담한 결과가 예상될 때 신중하게 한두 마디 건네면 그걸로 충분합니다.

카산드라에게 부족했던 것은 바로 설득의 능력이었죠. 설득의 능력이란, 때로는 침묵할 줄 아는 능력이기도 합니다. 결과적으로 맞는 말이라 해도 시기에 맞지 않게 너무 이르게 튀어나오면 그건 틀린 말이라고 보는 게 맞겠죠. 대부분의 인간관계에서는 옳은 말만 하는 것보다는, 그저 사람들과 행복하게 잘 지내는 게 더 중요하거든요. 실력을 갈고닦아 이 예지력에 걸맞은 카리스마를 갖출 수 있을 때까지 침묵의 시간을 잘 견딜 수 있어야 합니다.

그리고 또 한 가지 중요한 건 어떤 문제가 있을 때 '문제를 해결할 능력이 있다고 해서, 그 문제에 대한 책임이 있는 건 아니다'라는 것을 기억하시기 바랍니다. 문제는 원인 제공자가 책임져야 하는 것입니다. 나에게 그 문제를 풀 능력이 있다 하더라도, 지금 내가 저 문제에 관여할 필요가 있는지를 꼭 먼저 생각해야 합니다.

사람들과 관계의 깊이, 나의 직분이나 맡은 책임의 범위, 지금 내가 처한 입장 등등 많은 것들을 고려해 정말 내가 꼭 신경을 써야 하는 것인지, 그렇다면 꼭 지금 신경 써야 하는지, 나 말고 다른 사람의 책임은 아닌지, 혹시 과한 책임감이 발동하고 있는 것은 아닌지 등등을 스스로에게 질문하며 잘 점검해보신 후 행동하셨으면 좋겠습니다.

나는 어떤
설득력을 지녔는가

성경의 전도서에는 다음과 같은 구절이 있습니다. "지혜가 많으면 근심이 많다." 아는 것이 많을수록 할 수 있는 게 많고 문제해결력도 크지만 한편으로 다른 사람들에 비해서 좀 더 어두운 기분을 느끼며 살아갈 수밖에 없습니다. 왜냐하면 이 세상의 현실은 절대 장밋빛이 아니기 때문이에요. 수많은 현자들과 전문가들은 우리 인생을 '고통'이라고 표현합니다. 수많은 사람들이 고통 속에 살고 있고 그렇게 현실이 어둡기 때문에, 그것을 있는 그대로 관찰하고 느끼며 사는 에코이스트들은 자주 우울해질 수밖에 없습니다. 고통으로 가득한 현실 세상을 객관적으로 보기보다는, 자신만의 가상현실 속에서 행복하게 사는 삶이 더 낫지 않을까 하는 생각마저 들기도 해요.

그러나 세상의 문제들을 직시하고 우려 섞인 시각으로 사실 그대로를 바라보는 사람들만이 이 세상을 더 나은 곳으로 만들 수 있습니다. 고통으로 가득한 세상을 진실한 눈으로 바라보고 관찰하기 때문에 문제의 진짜 원인을 분석할 수 있고, 그리하여 현실적인 해결 방법을 찾을 수 있을 테니까요. 고통 속에 아파하는 사람들에게 실질적인 해결 방법을 알려주고, 고통에서 벗어날 수 있도록 현명한 도움을 주는 사람이 될 수 있습니다.

마치 링컨 대통령이 '노예 해방'이라는 원대한 꿈을 꾼 것처럼 엄청난 영향을 미치는 그런 사람이 될 수 있다면야 그것도 좋겠지만, 아주 작은 역할을 통해 세상을 아주 조금이라도 더 나은 곳으로 만들 수 있다면 그것 또한 충분히 의미 있는 삶이 아닌가 싶습니다. 각자가 지닌 능력과 재능에 맞게 세상에 미칠 수 있는 선한 영향력의 양을 조절하면서 살아가면 되지 않을까요. 지금 내가 가져야 할 설득력은 어떤 것일까 한번 생각해보셨으면 좋겠습니다.

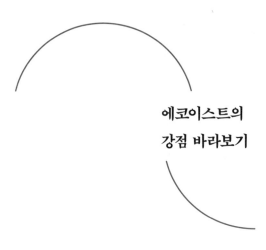

에코이스트의
강점 바라보기

　에코이즘과 나르시시즘은 일종의 스펙트럼이라 할 수 있어요. 세상에는 밝은 빛과 짙은 어둠 사이에 다양한 종류의 밝기가 존재하죠. 이와 같이 에코이즘과 나르시시즘도 사람들마다 그 양상이 다양하다고 볼 수 있습니다. 나르시시스트냐 에코이스트냐를 마치 흑과 백을 가르듯이 이분법으로 나눌 수는 없어요. 그렇기 때문에, 세상에는 나르시시스트 아니면 에코이스트만 존재한다는 식으로 말하는 것은 옳지 않습니다.

　극단적 에코이즘을 숫자 0으로 보고 극단적 나르시시즘을 숫자 10이라고 했을 때, 전문가들은 그 사이에 있는 4, 5, 6 정도에 위치한 사람들을 비교적 건강한 마인드를 가진 사람들이라고 판단합니다. 크레이그 맬킨 박사는 스펙트럼의 중간에 위치한 이들의 특성을 '건강한 나르시시즘'이라고 표현하죠. 건강한 나르시시즘을 가진 사람들은 사랑을 주고받을 수 있는 능력이 크고, 인간관계에 있어서 자신감을 표출해야 할 때와 아닐 때를 잘 가려서 행동한다고 합니다.

나르시시즘과 에코이즘의
중간에서 살아남기

그렇다면 에코이스트들이 어떻게 하면 스펙트럼의 극단에 치우치지 않고 균형을 이루어서 중간인 4, 5, 6 정도에 위치할 수 있을까요? 어떤 부분이 변화되어야 스펙트럼의 중간쯤으로 들어가 나 자신을 지키면서도 동시에 내가 가진 장점을 잘 발휘하며 살아갈 수 있을지 그 방법을 총 7가지로 정리해보겠습니다.

첫 번째, 여러분이 다른 사람들보다 두뇌 회전이 많이 빠르다는 것을 인지해야 합니다.

두뇌 회전이 많이 빠르기에 원인과 결과 간의 상관관계를 다른 사람들보다 신속하게 파악할 수 있고, 그리하여 남들보다 빠르고 정확하게 결론을 유추해낼 수 있죠. 이것은 앞서 언급했던 '카산드라 신드롬'과 연결됩니다. 다른 사람들은 전혀 생각하지 못하는 부분을 혼자서만 알고 있는 경우가 자꾸만 생겨요. 다른 사람들은 다 아니라고 말하는데 나 혼자만 이게 맞다고 생각하게 되는 일이 반복됩니다. 나중에 시간이 지나고 보니 내 생각이 맞았음을 확인하게 되는 일들이 계속 생기는 거죠. 남들과 의견 차이가 발생할 때마다, 욕을 먹으면서라도 내 생각대로 밀고나가야 하나, 아니면 그냥 모르는 척 다른 사람들을 따라가야 하나 고민하게 되는 일이 자꾸만 생깁니다.

이런 일이 자꾸 생기는 건 다른 이유가 있어서가 아니라, 에코이스트의 두뇌 회전이 매우 빠르기 때문임을 먼저 이해하시기 바랍니다. 주변에 대다수의 사람들이 여러분의 의견에 동의하기 힘들 때가 많다는 걸 인정해야 해요. 에코이스트들이 주변 사람들로부터 욕을 먹는 이유는 대부분 틀린 말을 해서가 아니라, 너무 앞서가는 말을 하기 때문입니다.

이런 경우와 관련해서는 두 가지 자세가 필요합니다. 한 가지는 때때로 다른 사람의 생각 속도에 맞출 줄도 알아야 한다는 것이고, 다른 한 가지는 이러한 자신에게 맞는 시스템과 환경을 만들어가야 한다는 거예요. 만약 회사 생활이라면 실력 없는 상사가 내 위에 있을 때 그 자리를 견디는 것이 정말 상상 이상으로 힘들 거예요. 이런 경우 존경스러운 리더를 찾아가든지, 스스로 리더가 될 수 있는 환경을 만들어야 합니다. 또한 여러분의 그런 모습을 이해하고 지지해주는 사람들로 주변을 서서히 채워나가는 것이 좋겠죠.

두 번째, 나르시시스틱한 행동을 적절하게 사용하는 것에 대해 두려워하지 마세요.

예를 들어, 상대가 요구하는 것을 쉽게 들어주지 않고 조건을 건다든지, 상대가 잘못했을 때 쉽게 용서해주지 않고 대가를 치르게 하거나, 상대의 허물을 들추어 정확하게 지적하여 민망함을 안겨줄 수도 있습니다. 또한 늘 진실하게 사실을 다 말하는 것이 아니라, 때로는 바빠서 만날 시간이 없다고 둘러대며 만남을 피한다든지 하는 방법들을 융통성 있게 적절히 사용하는 것이죠. 크레이그 맬킨 박사는 나르시시스트들로부터 필요한 것을 필요한 만큼만 적절하게 배워서 잘 사용하면 에코이스트들이 자기 자신을 잘 지켜낼 수 있다고 말합니다.

그런데 이런 말씀을 드리면 에코이스트분들이 늘 걱정하는 것이 있어요. '그러다 나르시시스트랑 똑같아지면 어떡하냐'는 것이죠. 나르시시스트가 하는 짓들을 따라 하다 도리어 내가 극단적인 나르시시스트가 되어버리면 어떡하냐는 겁니다. 많은 사람들이 이 부분을 두려워합니다.

그렇지만 이것은 하나의 이분법적 사고에 불과해요. 나르시시스트 아니면 에코이스트 둘 중 하나밖에 될 수 없다는 흑백논리에서 벗어나셔야 합니다. 우리는 그 둘 사이에서 균형을 잡을 필요가 있어요. 이에 대한 크레이그 맬킨 박사의 대답을 들어보시기 바랍니다.

"에코이스트 여러분 한번 상상해보세요. 여러분의 마음속에는 풍부한 공감 능력을 저장하고 관리해주는 은행이 하나 있습니다. 그 은행을 통해 복리이자가 계속해서 늘고 있는 상황이에요. 여러분이 나르시시스틱한 점을 조금만 배워와서 에코이즘적 특성을 조금만 포기한다는 것은, 매달 불어나고 있는 이자에서 살짝 꺼내 쓰는 정도밖에 안 됩니다."

여러분은 공감 능력을 생각보다 엄청나게 많이 보유하고 있습니다. 지금도 계속해서 불어나고 있는 중이에요. 그걸 조금만 가져다가 스스로를 보호하기 위해 사용한다고 보시면 됩니다.

세 번째, 자신의 약점이 사실은 강점이라는 것을 알고 계시기 바랍니다.

자기주장 훈련에 들어가면 좀 더 구체적으로 말씀드리겠지만, 에코이스트가 가진 모든 특징들은 알고 보면 인생에서 굉장히 큰 장점으로 작용할 수 있습니다. 그동안 나르시시스트들은 여러분이 가진 장점들을 볼 때마다 어떻게든 부정적으로 말하며 깎아내리려 들었을 겁니다. 모든 것을 부정적으로 보는 나르시시스트의 시각에서 완전히 벗어나시길 바랍니다.

여러분이 가진 그 특성과 능력들이 제대로 발휘된다면 어떤 놀라운 일들이 가능해질지 정말 감히 상상조차 할 수 없어요. 여러분의 머릿속에서 꼬리에 꼬리를 물고 계속되고 있는 그 생각들이 밖으로 분출되어서 제대로 사용되기 시작하면 아주 날개를 단 듯이 놀라운 일들이 벌어지게 될 겁니다. 반대로, 그렇게 하지 못하고 그 생각들이 여러분 머릿속에서만 맴돌게 되면 여러분 자신을 갉아먹게 될 수도 있습니다. 그 모든 생각과 상상들이 건전하게 분출될 수 있는 환경을 만들고 그 안에서 마음껏 역량을 발휘하는 삶을 살아가셔야 자기 자신도 살리면서 남들에게도 선한 영향력을 미치는 진정한 나다운 삶을 살게 되실 거예요.

네 번째, 자신이 잘한 것들, 칭찬받을 만했던 일들의 리스트를 만들어보세요.

지난날들을 돌아보면 나름 성취하고 이뤄낸 것들이 있을

겁니다. 아무리 작고 사소한 것이라도 무시하지 말고 한번 적어보시기 바랍니다. 많이 지쳐 있어서 스스로 떠올리기 힘들다면, 주변 사람들에게 물어보세요. '나에게 좋은 점은 뭐가 있을까? 내가 잘했던 게 뭐가 있지?'라고 물어보는 겁니다. 그러고 나서 그 리스트를 읽으면서, 만일 남들이 이런 일을 했다면 내가 뭐라고 말해줬을까 한번 상상해보세요. 그 칭찬을 옆에다 적어보시기 바랍니다.

《타이탄의 도구들》을 쓴 팀 페리스가 제안하는 한 가지 방법을 소개해드리겠습니다. 속이 보이는 투명한 병에 매일 감사 쪽지를 하나씩 써서 넣는 거예요. 나에게 일어난 좋은 일들을 적는 건데, 쪽지 하나에 단어 몇 개 혹은 문장 하나만 써도 되는 거라 일기를 쓰는 것보다 간편합니다. 그 병을 늘 눈에 띄는 곳에 놔두면 굳이 노력하지 않아도 오며가며 볼 수밖에 없게 되죠. 종이를 꺼내서 읽지 않고 겉에서 종이가 쌓인 것만 봐도 '아, 나에게 좋은 일들이 이렇게나 많았구나' 하고 느끼게 됩니다. 정 쓸게 없는 날은 '나 아직 죽지 않았다'라고 쓰라고 하더라고요. 남이 아닌 자기 자신에 대해서 좋은 점을 계속 발견해보시기 바랍니다.

다섯 번째, 자신을 우선으로 두는 연습을 해야 합니다.

내가 지쳐서 나가떨어지면, 내 주변 모든 사람들이 고통을 겪게 됩니다. 자신을 돌보는 일을 하루에 한 가지씩 매일 실천해보셨으면 좋겠어요. 10분 동안 산책을 한다든지, 3분 정도 크게 숨을 들이쉬고 내쉬는 시간을 갖는다든지, 고급 초콜릿을 자기 자신에게 사준다든지 이런 작은 것들부터 시작하는 겁니다. 내가 말하지 않아도 남들이 내 희생을, 내 입장을 알아줄 거라는 그런 생각은 이제 버리세요. 사람들이 남의 입장을 생각할 여유가 없다는 사실을 받아들이시기 바랍니다.

에코이스트들은 타인의 입장을 생각하는 것이 아주 자연스러운 사람들이기 때문에, 자신이 그렇게 하는 만큼 남들도 내 입장을 생각해줄 거라고 믿어요. 그러나 에코이스트가 아닌 평범한 사람들은, 말하지 않으면 모릅니다. 따라서 남들에게 내 입장을 알려주는 연습을 하셔야 해요. 사람들이 무심코 내 입장을 잊어버리고 무시하지 않도록, 그들이 나에게 친절을 베풀 수 있도록 도와준다는 마음으로 내 입장과 내가 원하는 것들을 알려주시기 바랍니다.

여섯 번째, 경계선을 확실히 해야 합니다.

사람들이 누군가 무례하게 행동하면 '선 넘지 말라'고 얘기할 때가 있죠. 이 선이 바로 그 경계선입니다. 사람과 사람 사이에 넘지 말아야 할 선이 있다는 것을 인지하고 누군가가 이를 침범하면 경고할 수 있어야 합니다. 거절해야 할 때 확실히 거절하는 게 관계를 더욱 건강하고 탄탄하게 해준다는 것을 기억하시기 바랍니다. 여러분이 합당한 이유로 거절했을 때 그것을 받아들이지 못한다면 그건 그 사람이 잘못된 것이지 여러분에게 문제가 있는 게 아닙니다. 남들이 거절할 때 여러분은 어떻게 행동하시나요? 그들을 비판하고 분노하시나요? 굳이 설명을 많이 하지 않더라도, 그럴만한 이유가 있겠거니 하고 넘어갈 수 있는 사람이 건강한 사람입니다. 그런 건강한 사람들과 건강한 관계를 맺으시기 바랍니다.

에코이스트가 보통 사람들과
대화하는 법

에코이스트 여러분은 아마 보통 사람들의 이야기를 듣고 있을 때, 왜 저렇게 피상적인 이야기만 하나 답답할 때가 종종 있을 거예요. 그런데 보통 사람들은 여러분이 피상적이라고 생각하는 그 인간관계를 충분히 만족하며 살아간다고 합니다. 사람들과 함께 있을 때, 이야기의 내용과는 상관없이 그저 함께한다는 그 자체를 즐긴다고 해요. 무리 지어서 다니는 걸 좋아하고 기분 전환과 재미를 원합니다. 깊고 진지한 토론이나 논쟁은 이들에게 불편한 일이죠. 세상을 변화시키고 싶다는 욕구를 별로 느끼지 않는 사람들이에요. 자기 성찰적인 화법도 좋아하지 않습니다. 왜냐하면 자기를 돌아보고 반성하는 것이 마음만 더 불편하게 만들거든요.

이들은 껄끄러운 화제는 의도적으로 피합니다. 진부하지만 누구에게도 피해가 가지 않을 이야기를 나누기 좋아하죠. 이런 평범한 사람들과 원만하게 지내고 싶다면 너무 개인적인 주제나 심도 깊은 주제, 까다로운 주제는 꺼내지 않는 것이 좋습니다. 사람들이 좀 앞뒤가 안 맞는 말을 늘어놓아도, 거짓말인 것이 뻔히 보여도, 그게 아주 위험한 일이 아닌 이상은 그저 모르는 척 대화 속으로 녹아들 필요가 있다는 거죠. '무슨 말이 오가고 있는가' 신경 쓰기보다는 그냥 함께 있는 것, 옆에 있어주는 것 자체에 의미를 둔다고 생각하면 됩니다.

보통 사람들은 죄의식에 덜 민감한 반면에 창피를 당하는 것은 몹시 싫어합니다. 에코이스트에 비하면 나르시시즘이 조금 더 강한 편이라고 볼 수 있죠. 나르시시스트들에 비하면 나르시시즘이 조금 더 약한 편이고요. 평범한 사람들은 생각보다 그렇게 정직하지는 않다고 합니다. 체면을 지키기 위해 마음에 없는 말이나 변명을 얼마든지 할 수 있다고 해요. 물론 나르시시스트들보다는 훨씬 정직한 사람들이죠. 에코이스트들은 자신의 잘못을 인정하고 만회하기 위해 노력하는 편이지만, 보통 사람들에게는 그런 태도를 실천하는 것이 매우 어려운 일이라고 합니다.

또한 이들은 주변에서 일어나는 일과 주위 사람들의 행동에 대해 이러쿵저러쿵 말하기를 좋아해요. 뒷담화를 즐긴다는 거죠. 누군가에 대해 우르르 흉보는 분위기를 에코이스트들은 굉장히 부정적으로 생각하지만, 보통 사람들은 이것이 일종의 사회적 유대를 만드는 방법이라고 합니다. 앞서 말씀드린 것처럼, 이야기의 내용이 어떤가와는 상관없이 함께 이런저런 얘기를 나누면서 보내는 시간이 이들에게는 더 중요한 것이죠.

평범한 사람들은 나르시시스트들과 달리, 때로는 자기 속내를 털어놓고 싶은 욕구를 느낍니다. 평소에는 그렇지 않은데, 일이 뭔가 잘못되어갈 때 그 욕구를 특히 더 느끼죠. 이렇게 속을 털어놓고 싶을 때, 옆에서 에코이스트들이 큰 도움이 되어줍니다. 그런데 일이 다시 잘 풀리게 되면 또다시 정서적 거리는 멀어집니다. 언제 그랬냐는 듯이 원래의 피상적이고 진부한 대화로 돌아가게 돼요. 에코이스트는 그 사람의 깊은 이야기를 들어주면서, 드디어 속을 털어놓을 수 있는 친구를 찾았다고 생각하지만 곧 다시 표면적인 소통으로 돌아가버리니 크게 실망하고 맙니다.

게다가 보통 사람들은 에코이스트만큼 잘 경청하고 공감해주는 능력이 없어요. 그래서 정작 에코이스트가 힘들어서 누군가에게 자신의 이야기를 털어놓고 싶어질 때 아무도 받아줄 사람이 없는 거죠. 때문에 '필요할 때만 이용하고, 자기 일이 해결되면 날 그냥 버리는구나'라고 생각하기 쉽습니다. 그런데 이것은 굉장히 큰 오해입니다. 단지 보통 사람들은 자신이 정말 많이 힘들 때에만 심도 깊은 대화가 필요하다고 생각할 뿐이에요. 그 필요를 채워줄 능력은 에코이스트에게만 있는 것이고요. 보통 사람들에게 똑같은 능력을 바라면 안 되는 이유입니다.

어떻게 보면 불공평한 것 같기도 하고, 또 보통 사람들 입장에서 생각할 때는 에코이스트들이 가진 많은 재능과 능력이 부러울 수도 있습니다. 에코이스트들이 보통 사람들을 부러워하듯이 말이죠. 서로 부러워만 할 것이 아니라, 자신들이 가진 강점을 잘 알고 받아들이며 함께 보완할 수 있다면 얼마나 좋을까요. 나 자신이 에코이스트인지, 보통 사람인지, 나르시시스트인지를 제대로 아는 것부터 중요하겠죠. 내가 어떤 사람인지 알면, 남들을 더 이해하며 상대의 눈높이에 맞춰 서로 배려하며 살 수 있을 테니 말이죠.

'보통 사람들은 피상적인 대화만으로 만족하고, 나르시시스트들은 피상적인 대화조차도 싸움판으로 만들어버리며, 에코이스트들은 토론을 통해 깊은 대화를 원한다'라는 사실을 알고 나면, 이들 중 누가 관계에서 리더가 되어야 할지가 명확해지죠.

에코이스트들은 마음을 나누는 깊은 대화를 갈망하는 사람들입니다만, 에코이스트가 아닌 사람들과는 깊은 대화를 기대하지 않는 것이 좋아요. 이로 인해 에코이스트들이 한편으로 외로울 수밖에 없다는 사실이 참 슬픕니다. 하지만, 그래도 약점보다는 강점에 집중하고 자신만의 라이프스타일을 만들어간다면, 그 누구보다 더 행복하고 의미 있고 가치 있는 인생이 될 거라고 저는 확신합니다.

3장

에코이스트를 지켜줄
적극적 자기주장 훈련

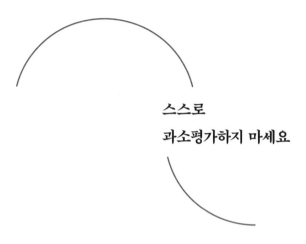

스스로
과소평가하지 마세요

우리는 이 책의 초반에 '에코이스트들의 7가지 특징'에 대해 살펴본 바가 있습니다. 아마 그 특징들에 대해 공감하시는 분들은 '나는 왜 이렇게 답답한 태도로 살아갈까, 남들은 안 그러는데 왜 나만 이럴까, 왜 나는 순진해 빠져서 나르시시스트로부터 당할 만한 특징은 다 갖고 있는 걸까'라고 생각하셨을 수도 있어요.

그런데 이번 장에서는 에코이스트의 그 특징들이 사실은 얼마나 큰 장점이 될 수 있는지에 대해 이야기해보려고 합니다. 세상이 지금 얼마나 여러분과 같은 사람을 필요로 하고 있는지 알게 되면 아마 놀라실 거예요.

단점인지 알았는데
오히려 장점이었다

우선 앞서 알려드렸던 '에코이스트의 7가지 특징'을 이전과는 다른 새로운 시각으로 바라보고 설명해드리겠습니다.

첫 번째, 주목받기 싫어한다.

사실 이 특징은 인생을 살아가는 데 굉장히 큰 장점이 될 수 있습니다. 에코이스트들은 자신이 잘한 것, 성취한 것, 성공한 것을 남들에게 말하는 게 이기적인 거라고 생각해서 절대 스스로를 자랑하는 말을 하지 않죠. 이 특징 때문에 남들에게 늘 과소평가 받는 경향이 있고 나르시시스트에게 무시당할 여지를 남기기도 하는데요.

그런데 잘 생각해보시기 바랍니다. 사실 이 성격은 나중에 많은 사람들을 이끄는 리더가 되었을 때 굉장히 빛날 수 있습니다. 다른 사람을 이끄는 리더가 스스로를 높이지 않는 겸손함마저 갖추고 있다면, 이는 놀라운 장점으로 작용하게 되죠. 훌륭한 리더는 자기 자신을 낮추고 다른 사람을 높여주려 할 때 더욱 빛나기 때문입니다.

두 번째, 관계에서 문제를 발견하면 자신부터 비난한다.

이 특징은 우리를 쓸데없이 자기 비난에 빠져들게 만들어 자존감을 낮추기도 하지만, 사실 잘만 사용하면 엄청난 장점으로 작용할 수 있습니다. 특히 우리가 어떤 단체의 리더가 되었을 경우 굉장히 필요한 특성이라고 볼 수 있어요. 한 단체의 리더는 그 단체 안에서 일어나는 모든 일에 대해 책임이 있죠. 에코이스트가 리더가 되면 늘 모든 문제에 귀를 기울이기 때문에, 다른 누구보다 더 책임감 있는 훌륭한 리더로 살아갈 수 있습니다. 나르시시스트 리더들은 늘 책임을 회피하고, 그 밑에 있는 사람들은 리더가 맡아야 할 책임을 대신 떠맡고 문제를 수습하느라 고통에 빠질 수밖에 없습니다. 그러나 에코이스트가 리더가 될 경우, 리더는 가장 크고 가장 어려운 문제를 떠맡아 해결하려 애쓰죠. 이로 인해 그 단체는 그 어떤 단체보다 더 질서와 활기를 띠게 됩니다.

세 번째, 자신과 타인에게 이중 잣대를 갖고 있다.

이 특징 때문에 에코이스트들은 다른 사람들에게 도움 요청하는 것을 굉장히 부담스러워 합니다. 남들은 필요나 욕구를 가져도 된다고 생각하지만, 자기 자신이 필요나 욕구를 느끼는 것은 나약한 일이라고 여기거든요. 이 특징으로 인해 에코이스트들은 삶의 균형을 잃어버릴 정도로 남들을 돕는 것에만 매달려 자신의 삶을 잃어버리기도 합니다. 그런데 만일 여러분이 어떤 단체에서 리더 역할을 맡고 있다면, 이 특성은 뛰어난 장점이 될 수 있습니다. 리더가 자기 문제보다 직원들의 문제를 더 크게 여기고 늘 도와줄 자세가 되어 있다면, 그 리더는 분명히 존경받는 유능한 리더로 평가되겠죠. 고귀한 '희생정신'을 사람들 앞에 직접 보여주는 솔선수범형 리더로 평가받게 될 겁니다.

네 번째, 확신 없는 표현을 많이 사용한다.

'~인 것 같아요', '~일 수도 있어요' 등등의 말을 많이 쓰는데, 이는 에코이스트들이 정확한 것을 좋아하기 때문이라고 말씀드렸습니다. 근거가 100퍼센트 확신이 들지 않으면 확실하게 말을 못 하는데, 이 때문에 듣는 사람들에게 신뢰감을 주지 못하는 경향이 있죠. 그러나 말에 정확성을 중시하는 이 특성은 사람들을 이끄는 리더의 입장이 되었을 때 아주 유용하게 쓰일 수 있습니다. 반대로 부족한 근거로 아무 말이나 남발해서 많은 문제를 일으키는 사람은 절대 훌륭한 리더가 될 수 없죠.

사람들에게 확신을 심어줘야 할 때도 있지만 어떤 사안에 대해 실수하지 않고 정확히 표현해야 하는 순간도 반드시 있습니다. 이 정확한 표현 기술은 생각보다 갖기 힘든 능력입니다. 주어진 상황을 진실한 눈으로 바라보고 세심하게 관찰할 수 있어야 하고 또 무엇보다 언어적으로 정확한 표현 능력을 갖추고 있어야 하거든요. 세심한 관찰 능력과 정확한 언어 능력은 사실 에코이스트가 가진 단점이자 장점입니다. 남들에 비해 정확한 소통을 원하기에 때로 평범한 사람들과 의사소통이 힘들 때도 있지만, 그러나 이 특징이 여러분이 리더가 되었을 때 오히려 유용한 강점이 된다는 것을 꼭 기억하셨으면 좋겠습니다.

다섯 번째, 사람에 대한 경계선이 분명하지 않다.

사람들은 보통 타인이 넘지 말아야 할 선을 넘는다 싶으면 곧바로 불쾌감을 표현합니다만, 에코이스트들은 좀 다릅니다. 남들이 자신의 경계선을 침범해도 '뭔가 말 못 할 사정이 있겠지' 하며 그냥 넘어가려 할 때가 많아요. No라고 말하고 싶을 때, 거절하고 싶을 때조차 그냥 Yes라고 말해버리는 경우가 있습니다. 때문에 악한 사람들의 타깃이 되기가 참 쉽죠. 에코이스트들은 상대의 감정에 영향을 받지 않고 강하게 No를 외치는 법을 반드시 배워야 합니다.

그런데 조금 다른 관점에서 바라보자면, 부정적인 표현을 바로바로 하는 것보다는 판단을 보류하고 좀 두고 보면서 전체를 파악해야 할 때도 있죠. 바로 리더의 자리에서 일어나는 일입니다. 필요할 때는 경계선을 명확하게 세울 줄도 알아야 하지만, 경우에 따라 전략적으로 경계선의 범위를 줄였다 늘렸다 하는 능력을 가진다면 남들이 풀지 못하는 특수하고 예외적인 문제들을 풀 수 있게 됩니다. 위기 상황이 왔을 때, 정말 중요한 부분을 우선해서 해결할 수 있습니다. 덜 중요한 부분들은 좀 더 미루거나 남들에게 맡기는 식으로 책임을 효율적으로 재배치하며 훨씬 더 정교하고 수준 높은 해결법을 적용할 수 있죠.

여섯 번째, 자신보다 항상 남이 먼저다.

이들은 자기 목소리를 포기하고, 상대의 말과 의견을 우선해서 받아들입니다. 만일 여러분이 자기 자신을 보호하고 자신의 이익을 지켜낼 수만 있다면 이 또한 굉장한 장점으로 사용될 수 있습니다. 만일 성공한 사람들이 '이미 나는 충분하고 괜찮으니까 나보다는 다른 사람들의 입장을 우선으로 두겠다'라고 말한다면, 이것을 싫어할 사람은 아무도 없겠죠. 사람들은 이타적인 행동에 감동을 받기 마련입니다. 자신을 잃어버리면서까지 남들만 보살피면 안 되겠지만, 자신의 것을 충분히 챙긴 사람이 때와 장소에 맞게 적절히 남을 보살펴줄 수 있다면 삶을 대하는 아주 훌륭한 자세로 평가받을 겁니다.

에코이스트는 많은 경우 부모의 영향을 받아 '주목받는 자리는 비난받는 자리다'라는 생각을 자연스럽게 지니게 되고, 그리하여 이들은 충분히 할 수 있는 일을 못 하는 척, 아는 것을 모르는 척하며 자신을 필요 이상으로 낮추는 행동을 한다고 말씀드렸어요. 그런데 우리가 살고 있는 지금 이 세상은 어떻습니까? 이 세상은 알고 보면요, 질투심 많은 사람들로 넘쳐나는 곳입니다. 따라서 우리가 눈치 없이 자기의 장점만을 어필하며 스스로를 높이기만 하다가는 공공의 적이 되기 쉬워요.

에코이스트들은 질투심 많은 이들 곁에서 살아남는 법을 잘 아는 사람들이라고 볼 수 있습니다. 질투심 많은 사람들이 주변에 있을 때와 없을 때를 잘 가려서 우리가 전략적으로 행동한다면 어떻게 될까요? 실제로 적들이 많이 줄어들겠죠. 그리하여 여러분은 자신이 이룬 성과와 직책을 오랜 기간 유지하는 노하우를 가진 사람으로 평가받게 될 것입니다.

에코이스트의 특성을 조금 다른 관점에서 바라보고 이야기해봤는데요. 어떻게 보면 이들은 훌륭한 리더로서 갖춰야 할 자질들을 이미 다 갖고 있는 사람들처럼 보입니다. 저는 이들을 볼 때면 '새로운 시대를 위해 미리 준비된 리더'가 아닐까 하는 생각이 들어요. 왜냐하면 지금 이 시대는 예전과는 달리, 기계로는 대체할 수 없는 재능이나 창의력, 감수성, 공감 능력 등을 리더의 필수 조건으로 내세우고 있으니까요. 이것은 사실 대부분의 에코이스트들이 가진 장점에 해당하거든요.

지금 당장 서점에 달려가 성공에 관련된 책들을 한번 살펴보시기 바랍니다. 수많은 자기계발 서적들 말이에요. 그 책들을 읽어보면, 정말 수많은 사람이 이 시대가 원하는 리더가 되고 싶지만 에코이스트들이 가진 장점들을 갖지 못해 가슴 치며 답답해 한다는 것을 알게 될 겁니다. 그만큼 에코이스트가 가진 장점들에는 절대 무시할 수 없는 굉장한 가치가 있어요.

그러나 리더가 되고 싶은 생각이 없다

그런데 한 가지 문제가 있습니다. 에코이스트들은 좋은 리더가 될 수 있는 자질들을 갖추고 있지만, 사실은 리더가 되고 싶은 마음이 별로 없다는 것입니다. 안타깝게도 이들은 리더가 되고 싶어 하지 않습니다. 남들보다 앞에 나가서 누군가를 이끄는 일에 별로 관심이 없고, 그저 다른 사람들과 화합하고 조화를 이루며 함께 공존하는 것을 중요하게 여기죠. 누구보다 '평화'를 더 사랑하는 사람들입니다. 사람들 속에서 튀고 싶어 하지 않고 그저 이름 없이 살고 싶어 해요.

이들이 이런 자세로 사는 이유 중 하나는, 빠른 두뇌 회전에 있기도 합니다. 남들보다 빠른 속도로 앞서가는 생각 때문에 다른 사람의 생각 속도에 맞추지 못할 때가 많고, 많은 사람들이 같은 속도로 천천히 함께 공감하는 부분에 대해 에코이스트는 함께 공감하지 못하는 일들이 자주 생기거든요. 어떤 사람이 정확하지 않은 분석과 해결법을 내놓았을 때, 보통 사람들은 별 생각 없이 따라가는 경향이 있습니다. 하지만, 에코이스트는 남들이 보지 못하는 부분을 보고 여러 사람의 입장을 헤아려 이해하기 때문에 많은 사람이 쉽게 공감하고 넘어가는 부분에 잘 동의하지 못하게 됩니다.

그렇기에 남들보다 외로움을 굉장히 많이 느껴요. 누군가로부터 이해받지 못한다는 느낌, 생각을 공유할 수 없다는 답답함, 나는 다른 사람들과 좀 다르다는 생각을 늘 가지고 살 수밖에 없습니다. 재능도 많고 인내심도 강해서 다른 일들은 참 잘하는데, 사람들과 함께 공감하고 마음을 나누는 것만은 너무 어렵게 느껴집니다. 가지지 못한 것에 대한 환상 때문인지 그 럴수록 사람들과의 관계를 더더욱 중요하게 여기고, 다른 무엇 보다 인간관계를 가장 우선순위로 놓게 되죠. 주변 사람들 한 사람 한 사람을 소중히 여기며 그들과 조화를 이루기 위해 늘 애씁니다. 이렇다 보니 다른 사람이 나의 말과 행동에 어떤 반 응을 하는지에 굉장히 관심이 많고, 관계에 갈등과 문제가 생 기는 걸 너무도 싫어해요. 나 자신보다 다른 사람들을 만족시 키는 걸 더 중요하게 생각하게 되고요.

　그런데 이렇게 인간관계를 매우 중요하게 생각하며 살다 보 니, 이들은 자신을 힘들게 하는 사람과 관계를 잘 끊지 못합니 다. 누군가가 나를 함부로 대하더라도 '뭔가 이유가 있겠지, 사 정이 있어서 설명을 못 하는 걸 거야, 원래부터 나쁜 사람은 아 니야'라고 생각하면서 어떻게든 좋은 점만 보고 곁에 있어주려 고 해요. 인간관계가 잘못될까 두려워 너무 많은 인내심을 사 용하다가 오히려 비정상적인 관계에서 헤어나오지 못하는 아이 러니한 상황에 빠지게 됩니다. 이런 상황을 일컬어 '과잉 의도 hyper-intention'라고 하는데요. 자신이 가진 두려움 때문에 진짜로 두려워하던 일이 일어나는 것을 말하죠.

　인간관계, 행복한 관계를 너무도 중요하게 여기는 나머지 결국은 관계를 불행하게 만드는 이런 아이러니함에서 벗어나려면, 인간관계보다는 오히려 자아실현 쪽에 좀 더 관심을 두는 것이 도움이 됩니다. 인간관계를 맺을 때도 '내가 자아를 실현하는 데 도움이 되는 사람인가'를 염두에 두는 것입니다. 내인생에 도움이 될 만한 사람들과만 관계를 맺는 것이죠. 이 방식이 좀 비인간적으로 느껴질 수도 있겠지만, 생각해보세요. 누군가를 정말 존중하고 지지한다면, 그 사람의 꿈과 비전도 함께 존중하고 지지할 수밖에 없습니다. 결국 자아실현을 위해 인간관계를 형성하다 보면 내가 의도한 바와는 다르게, 나를 정말 존중하고 지지해주는 사람들만 곁에 두게 됩니다.

나는 내 꿈을 이루기 위해 필요한 사람들을 만난 것뿐인데, 이 사람들이 알고 보니 나의 꿈뿐만 아니라 나 자체를 사랑해주는 사람들이라는 거예요. 이것을 '역설 의도paradoxical intention' 기법이라고 하는데요. 마음속 두려움이 정말 두려워하는 일을 생기게 하고, 지나친 주의집중이 오히려 원하는 일을 불가능하게 한다는 사실을 감안해서, 자신의 두려움과 완전히 반대되는 반응을 보임으로써 문제를 해결하는 방식입니다. 인간관계와 자아실현 이 두 가지의 균형을 잘 잡는 사람들이 결국에는 인생을 성공적으로 살아가기 마련이죠. 무언가 열심히 하고 최선을 다하며 진지하게 삶을 사는 사람의 모습을 볼 때 주변 사람들은 그 사람을 더욱 신뢰하고 존중하게 됩니다.

따라서 에코이스트 여러분, 인간관계가 너무도 소중하고 가치 있게 느껴지는 만큼 여러분은 자아실현 쪽으로 관심을 좀 더 기울여야 할 필요가 있어요. 자아실현에 좀 더 비중을 두다 보면, 여러분은 어떤 분야에서건 필연적으로 리더가 될 수밖에 없습니다. 실력을 인정받고 여러 가지 문제를 해결할 때마다 사람들은 여러분의 삶의 자세에 관심을 가지게 되고, 여러분의 말에 귀를 기울이며 따르려고 할 테니까요. 이때 여러분이 가진 일곱 가지 특징들을 잘 이용해 훌륭한 리더가 되시기 바랍니다. 세상이 참 따뜻하고 공정한 곳임을 보여주는 리더가 되셨으면 좋겠어요.

에코이스트가 성공하기 위해
반드시 알아야 할 것들

크리스텔 프티콜랭은 나르시시즘에 빠진 변태, 나르시시스트, 사이코패스, 파괴적인 심리 조종자 등을 간단하게 '심리 조종자'라고 부릅니다. 그가 쓴 책들, 《나는 생각이 너무 많아》, 《나는 왜 그에게 휘둘리는가》, 《당신은 사람 보는 눈이 필요하군요》 등은 이 심리 조종자들에게 잘 당하는 사람들을 위한 삶의 지침서라고 볼 수 있어요. 에코이스트들에게 굉장히 큰 도움이 되는 책들입니다. 심리 조종자에게 잘 당하는 사람들을 그는 '정신적 과잉 활동인'이라고 부르는데요. 나르시시스트에게 잘 당하고 가스라이팅에 취약하다는 점에서 '에코이스트'와 별로 큰 차이가 없다고 보시면 되겠습니다. 크리스텔은 나르시시스트와 가스라이팅에 취약한 사람들에게 항상 이렇게 말해준다고 합니다.

"당신은 뭘 하든 성공할 사람이에요!"

그의 말에 따르면, 에코이스트들은 어떤 직업을 택하든 일단은 성공할 거라고 합니다. 그런데 세 가지 조건을 갖춰야 할 필요가 있다고 해요.

첫 번째, 다른 그 무엇보다 '여러분이 좋아하는 일'을 해야 합니다.

왜냐하면 에코이스트들의 경우 엄청난 에너지와 남 다른 두뇌를 갖고 있기 때문인데요. 에코이스트들은 두뇌의 속도가 아주 빠른 반면에, 이 뇌가 굉장히 까탈스러운 성격을 갖고 있다고 합니다. 그래서 좋아하는 일이라면 번개 같은 속도로 그걸 배우게 되고요. 좋아하지 않는 일이라면 아주 추상적으로 느껴

지고 와닿지도 않으며 뇌가 활동을 하지 않는다고 해요. 학교
에 다니는 학생인 경우 이 점이 학업에서 큰 문제가 될 수 있다
고 합니다. 왜냐하면 좋아하는 과목은 너무나 잘하고 싶고 많
이 하고 싶은데, 좋아하지 않는 과목은 공부를 안 하게 되니까
요. 그래서 에코이스트들은 자신이 좋아하는 것을 직업으로 선
택할 때 훨씬 더 성공할 수 있다고 합니다.

그런데 사실 에코이스트들은 자신이 뭘 좋아하는지, 뭘 하
고 싶은지를 찾는 것부터 어려워할 때가 많아요. 내가 뭘 하고
싶은지를 도무지 모르겠을 때, 제가 책들을 통해 배운 방법은
두 가지입니다. 한 가지는 앞서 말씀드렸듯이, 나에게 돈이 한
500억 원 정도가 있다고 상상해보는 거예요. 그 정도의 돈이 있
다면 나는 무엇을 하고 싶어질까 예상해보는 거죠. 다른 한 가
지는 내가 복권에 당첨됐다고 상상해보는 겁니다. 복권에 당첨
이 됐어도 내가 계속 하고 싶어 할 만한 일이 뭘까를 생각해보
는 거예요. 이 두 가지 상상을 통해서 내가 진짜 원하는 게 무엇
인지를 천천히 추려보는 겁니다. 그러다 보면, 내 안에 있는 진
정한 욕구와 만나는 시간이 올 거예요.

두 번째, 평화롭고 조화로운 환경이 필요합니다.
예를 들어 여러분이 일하는 회사의 사장이 나르시시스트

이고 매번 스트레스를 주는 사람이라면, 에코이스트들은 그런 곳에서 일하는 것이 매우 힘들고 고통스러울 거예요. 에코이스트들은 정의롭고 공평하고 공정한 것들에 민감하기 때문에 부당한 일들을 겪게 되면 남들보다 더 큰 스트레스를 받게 됩니다. 그래서 좀 더 사람들을 공정하게 대하는 곳, 긍정적이고 평화로운 환경에서 일하는 게 중요하죠. 불공정하다는 느낌, 억압받는다는 느낌을 덜 받는 곳에서 일할 필요가 있습니다. 다만, 크리스텔 프티콜랭은 "서구에서는 16퍼센트의 기업만 인본적이라고 할 수 있다"라고 말하는데요. 즉, 인간 존중을 바탕으로 한 공정하고 평화로운 환경을 찾기는 상당히 어렵다는 뜻입니다. 에코이스트들이 이런 곳을 열심히 찾아다녀야 하는 이유죠.

세 번째, 창의적이고 독립적이며 멀티태스킹이 가능한 직업을 가져야 합니다.

왜냐하면 여러분은 여러 개를 동시에 하는 걸 좋아하는 스타일이거든요. 그리고 창의적인 활동을 좋아합니다. 남들보다 두뇌의 속도가 빠르고 부분보다는 전체를 보는 스타일이기 때문에 한꺼번에 여러 가지 일을 동시에 처리할 수 있고, 남들이 생각하지 못하는 부분까지 생각해낼 수 있어요. 이런 에코이스트들이 직장에서 보통 사람들과 똑같이 일하려는 건 마치 경주마가 썰매 끄는 개들 무리 속에 들어가 있는 것과 마찬가지라고 크리스텔 프티콜랭은 표현합니다. 경주마가 썰매 끄는 개들 속에 들어가 있는 걸 한번 상상해보세요. 경주마의 입장에서는 개 무리 속에 있는 것도 마음에 들지 않을 거고, 나는 원래 말이니까 개가 끄는 썰매도 끌 수 있다는 것을 증명하고 싶어 할 겁니다. 그러고는 나중에 상담사를 찾아가서 이렇게 말하는 거죠. "직장에서 잘 안돼요."

왜냐하면 다른 사람들보다 10배를 더 노력하고 있기 때문에 그렇다고 합니다. 너무 노력을 많이 해서 오히려 안 되는 걸 깨닫지 못하고 있는 것이죠. 에코이스트들이 평범한 직장 안에서 제대로 적응하려면 10배를 덜 노력해야 한다고 해요. 따라서 평범한 직장을 다니는 것보다는 프리랜서 같은 독립적인 직업을 찾는 것이 여러모로 장점이 될 수 있다고 합니다. 나에게 맞게 스케줄을 짜서 밤에 일할 수도 있고, 내가 쏟을 수 있는 에너지를 전부 다 쏟아 넣는다고 해서 아무도 뭐라고 할 사람이 없거든요.

이러한 세 가지 조건이 모인다면, 다시 말해서 자신이 좋아하는 일을 하고, 재미있고 따뜻한 환경이 조성되고, 정신적으로 자극을 주는 배움이 가능하다면 에코이스트들은 분명히 성공할 겁니다. 그리고 일하는 것을 아주 행복하게 느끼게 될 거예요. 크리스텔 프티콜랭이 한 조언들 외에도 전문가들의 말에 따르면, 에코이스트들은 그 누구보다도 반드시 사회생활을 해야 한다고 합니다. 나르시시스트와의 관계에 얽매이기 쉬운 만큼 더 적극적으로 사회활동을 해야 하고, 자기만의 독자적인 사회관계를 넓혀나가야 합니다.

그리고 주의할 것 중의 하나가, 중간 중간 휴식 시간을 만들어서 억지로라도 잘 쉬어줘야 한다는 거예요. 몰입을 한번 하면 굉장히 긴 시간을 집중하기 때문에 몸에 무리가 갈 수 있거든요. 그리고 여러 가지 일을 한꺼번에 동시에 하는 만큼 단시간에 사용되는 에너지의 양이 어마어마하기 때문에, 슬럼프에 자주 그리고 깊게 빠지기 쉽습니다. 따라서 남들보다 좀 더 잘 쉬고 스스로를 더 잘 챙겨줘야 합니다. 체력이 정신을 잘 받쳐줄 수 있도록 적절한 운동도 반드시 병행해야 하고요.

크리스텔 프티콜랭의 말처럼, 여러분은 뭘 하든 성공할 겁니다. 앞서 말씀드린 성공을 위한 세 가지 조건을 잘 기억하시고, 억지로라도 시간을 내서 잘 쉬면서 스스로에게 좋은 대접을 해주며 적절한 속도로 앞으로 나아간다면, 세상의 그 어떤 나르시시스트들도 흉내 내지 못할 행복하고 멋진 삶을 반드시 누리게 될 것입니다.

감정 표현을
하지 마세요

에코이스트들은 감정을 아주 잘 표현하는 사람들입니다. 뛰어난 감정 표현 능력을 가지고 사람들의 내면을 잘 어루만지며 지혜롭게 갈등을 해결할 때가 많죠. 표정과 억양, 제스처, 목소리의 높낮이, 적절한 단어와 문장의 조합 등등 사용할 수 있는 모든 것을 활용해서 자신의 감정을 아주 잘 표현합니다. 이 능력으로 위로와 감동, 공감을 적절히 나누며 다른 사람들에게 평안과 기쁨을 안겨주기도 해요.

보통 사람들은 에코이스트들만큼 감정 표현을 잘하지는 못한다고 합니다. 많은 사람들은 자신이 무엇을 느끼는지 잘 알아차리지도 못할뿐더러, 그것을 표현하는 능력도 부족하다고 해요. 에코이스트들은 평범한 보통 사람들에 비하면 감정 표현에 아주 능한 편이라고 볼 수 있습니다. 최근 많은 전문가들은 감정을 표현하는 법을 배우고 훈련하는 것이 매우 중요하다고 이야기하는데요. 에코이스트들에게는 이 '감정 표현 능력'이 이미 장착되어 있다고 할 수 있습니다.

그런데 한 가지 안타까운 사실이 있어요. 바로 나르시시스트와의 관계에서만큼은 이 장점이 오히려 단점으로 작용한다는 것입니다. 다른 사람들과의 관계에서는 윤활유 역할을 하는 이 '감정 표현 능력'이 나르시시스트와의 관계에서만큼은 갈등에 불을 지피는 역할을 하게 된다는 거죠. 이때 우리가 기억해야 할 건 문제의 원인이 에코이스트가 아닌 나르시시스트에게 있다는 것입니다. 나르시시스트들이 가진 한 가지 생각이 문제의 원인으로 작용합니다. 나르시시스트들은 무의식적으로 다음과 같은 특이한 생각을 갖고 있어요.

'감정 표현은 아주 나약한 짓이다.'

이들은 부정적인 감정, 즉 상처와 아픔, 수치심, 죄책감 등을 적나라하게 표현하는 사람들을 세상에서 가장 나약하다고 생각합니다.

감정 표현에
공포를 느끼는 사람들

사람은 태어나서 죽을 때까지 평생 동안 잊지 못하는 것이 한 가지 있다고 합니다. 바로 '어린 시절 자신을 양육했던 사람이 자신을 향해 가졌던 태도'라고 해요. 엄마 혹은 자신을 가장 먼저 돌봐준 사람이 표현했던 기쁨 또는 혐오, 분노, 무관심을 사람들은 어른이 되어서도 죽을 때까지 잊지 않는다고 합니다. 어린 시절 양육자로부터 적절한 보살핌을 받으며 꾸준하게 심리적 안정감과 좋은 기분을 느껴온 사람들은 시간이 흘러 어른이 되어서도 자신이 사랑받고 보살핌받으며 느꼈던 그 감정을 가지고 타인을 대하게 되죠.

그러나 몇몇 사람들은 양육자로부터 매우 부정적인 감정만을 느끼기도 합니다. 양육자가 아이를 미워하거나 아이가 없어져버렸으면 좋겠다고 바라는 등의 이런 바람직하지 못한 생각을 할 때, 아이는 그것을 분명하게 감지할 수 있다고 해요. 참 안타깝지만, 실제로 세상에는 자식을 버리거나 해를 입히려 시도하는 부모들이 존재합니다. 전문가들은 이런 부모를 두고 있는 수많은 사람들이 존재한다고 말하죠. 양육자가 자신을 불편한 존재, 성가신 것, 위협, 존재감 없는 사람으로 생각하고 대한다는 것을 매일 느끼며 자라는 아이들이 있습니다. 안타깝게도 그 아이들은 평생을 그 감정에서 빠져나오기가 힘들어요. 양육자의 태도로 인해 잔인함과 공포를 겪은 어린 희생자들은 평생 동안 누군가와 가깝고 친밀한 관계를 형성하기 어렵게 되죠. 그들은 심리적 고립감과 피해망상에 사로잡힌 채 상상의 공격으로부터 자신을 지키기 위해 늘 먼저 공격할 태세를 갖추고 살아갑니다.

이렇게 어린 시절 양육 환경 속에서 겪게 된 심리적 상처를 원상회복하는 데에는 인생의 많은 시간이 필요합니다. 몇몇 사람들은 정말 죽을 고생을 해서 그 상처를 완전히 해결하고 자기 자신을 이전과는 완전히 다른 존재로 만들어내는 데 성공합니다만, 정말 쉽지 않은 일입니다. 많은 지식, 엄청난 노력과 인내 그리고 주변의 도움이 함께 있어야 가능한 일이에요.

어린 시절 무자비한 양육자 아래에서 자라난 사람은 자신의 감정을 제대로 표현하는 데 어려움을 겪습니다. 감정을 솔직하게 표현할 기회를 잘 얻지 못했기 때문이에요. 오히려 양육자 앞에서 자신의 감정을 표현할 때마다 공포스러운 일을 반복해서 경험하기도 하죠. 만일 이런 경험이 계속 반복되고 반복되어 무의식 속에 각인되면, 자신도 모르게 다음과 같은 결론을 내리게 됩니다.

'감정을 표현하는 건 공포스러운 결과를 가져온다.'

따라서 어떤 일이 생겨도 절대 감정을 표현하는 일은 없어야 한다고 생각하며 살아갑니다. 수십 년이 지나 이제는 자신을 돌봐주던 양육자와 멀리 떨어져서도 여전히 감정 표현을 위험한 행동으로 간주하며 살아가는데요. 자신이 왜 이런 방식으로 삶을 살아가게 되었는지 전혀 기억하지도 못하고, 자신의 삶의 태도가 잘못된 것임을 인식조차 못 한 채 살아갑니다. 자신의 삶의 방식이 가장 정상적이고 가장 이상적이라고만 생각하면서 말이죠. 감정은 감추고 억압하고 무시하고 사는 게 당연한 것이며 그것이 상식적인 삶의 방식이라고 믿습니다.

이들은 다른 방식의 삶이 있을 거라고는 상상조차 하지 못해요. 자기 내면에 자신도 알지 못하는 이 '감정 공포증'이 있다는 사실을 전혀 인지하지 못한 채, 무의식적으로 감정을 잘 표현하는 사람들을 깔보고 천히 여기며 살아가죠. 감정을 잘 표현하는 사람을 만나면, 겉으로는 가면을 쓰고 친절하게 대하겠지만 속으로는 완전히 다른 생각을 합니다.

'아… 이 사람, 감정 표현이 얼마나 위험한 짓인지도 모르고 저렇게 나대고 있네. 세상천지 어떻게 돌아가는지도 모르고 자기 자신을 지킬 줄도 모르는 진짜 바보 천치 같은 인간이구먼. 에휴 저렇게 나약하고 무식하고 열등한 태도로 세상을 어떻게 살아가려고….'

왜곡된 방식으로
감정을 다루는 사람들

크레이그 맬킨 박사의 말에 따르면, 나르시시스트들은 이 '감정 공포증' 때문에 늘 상대방을 비난하는 데 몰두합니다. 이들은 타인으로부터 전혀 감정적으로 영향받지 않는 것을 강하고 완벽한 사람의 특징이라고 생각해요. 상대방의 말이나 행동 때문에 내 감정이 흔들리고 그 흔들린 감정을 표현하는 건 아주 나약한 행동이라고 생각한다는 거죠. 감정을 표현하는 건 언제든 상대에게 휘둘릴 빌미를 제공하는 것이라 여깁니다. 자신을 만만하게 보이게 해서 타인이 지배하고 휘두르기 좋게끔 자신을 희생자의 자리로 내모는 행동이라고 생각하는 거예요.

가끔 나르시시스트들이 사건 사고들을 접할 때 피해자보다 가해자를 두둔하는 말을 하는 것을 혹시 들어보셨나요? 가해자가 피해자를 휘두르고 괴롭혔다는 말을 들으면, 나르시시스트들은 종종 가해자보다도 피해자에게 잘못이 있다는 식으로 해석합니다. 피해자가 감정을 자꾸 표현하고 약점을 노출해서 빌미를 제공했기 때문에 가해자가 괴롭힐 수밖에 없다고 생각하는 거예요. 참 어처구니가 없지만, 이런 식의 생각을 상식이라고 여기는 사람들이 현실에서 존재합니다. 그러니 우리의 마음을 아무하고나 나눠서는 안 되겠죠. 나르시시스트의 감정 공포증은 꼭 부모로부터만 영향을 받아 생기지는 않습니다. 부모나 양육자 외에도 살면서 아주 큰 영향을 받은 사람들로부터 어떤 대우를 받았는지 또는 그동안 어떤 지식을 접하며 살았는지, 어떤 환경을 경험했는지에 따라 인간의 성품은 변화될 수 있다고 해요. 이과 관련하여 오은영 박사는 "사회성 발달과 정서 발달은 후천적인 것"이라고 강조합니다.

부모로부터 영향을 받았든 아니면 다른 어떤 이유에서든 이 나르시시스트들은 감정을 매우 위험한 것으로 취급합니다. 감정을 표현하는 건 타인으로부터 무시당하고 공격당할 빌미를 제공하는 일이라고 생각하죠. 자신이 감정을 표현하려 할 때마다 무시당하고 공격당하고 지배당했던 그 강렬한 기억 때문에 온 세상이 다 그런 식으로 돌아가고 있다고 보는 거예요. 자신이 인식도 못 하는 사이, 자신의 경험이 세상의 전부라고 믿고 있는 거죠. 한순간이라도 무시당할까 봐, 공격당할까 봐,

지배당할까 봐, 이들은 자기 자신을 보호하고 지키는 일 말고는 다른 것에 집중하지 못합니다.

이러한 나르시시스트와는 달리 에코이스트는 어떤가요? 이들은 자신의 감정을 잘 인지하고 마음껏 표현할 줄 아는 사람들이죠. 나르시시스트는 아주 당연하다는 듯, 이러한 에코이스트를 세상 물정 모르는 아주 무식하고 나약한 존재로 파악합니다. 이 위험천만한 세상에서 자기 자신을 지킬 줄 모르는 철없는 어린아이로 보는 거예요. 비난과 공격, 지배의 빌미가 되는 이 위험한 감정을 전혀 절제하지 않고 억압하지도 않고 마음껏 분출하는데, 이건 나르시시스트의 눈으로 볼 때는 대놓고 '나 잡아 잡수시오'라고 말하는 것과 같은 겁니다. 따라서 나르시시스트 입장에서는 이 사람을 착취하지 않을 이유가 없죠.

또한 에코이스트가 나르시시스트의 감정을 신경 쓰며 친절하게 행동하는 것을 보면서 '쟤는 내가 워낙 똑똑하고 세상 사는 법을 잘 아니까 나한테 알아서 굴복하는구나'라고 생각합니다. 당연히 자신이 그 사람보다 더 우월하고 강한 존재라고 여기며, 그 사람은 마땅히 자신의 종처럼 굴어야 한다고 판단하죠. 그러나 현실을 객관적으로 보면 어떻습니까? 에코이스트가 감정을 자연스럽게 표현하는 것은 나약해서가 아니죠. 감정 표현의 중요성을 아는 똑똑한 사람이기 때문에 그렇게 행동하는 거예요. 또한 내 입장뿐 아니라 타인의 입장까지 생각할 수 있는 역량이 되기 때문에, 나 자신의 감정뿐 아니라 상대의 감정까지도 존중하는 겁니다. 서로 감정을 표현하고 마음을 나누는 것이 우리 인생을 행복하게 만들어주는 아주 중요한 요소라는 것을 잘 아는 지적인 사람이기 때문에 그렇게 하는 거지, 절대 나약하거나 겁먹어서 그런 행동을 하는 게 아니죠.

그러나 나르시시스트 입장에서는 이 현실을 절대 있는 그대로 보지 못합니다. 나르시시스트의 세계관으로는 전혀 꿈속에서조차 상상할 수 없는 아주 기이한 행동이거든요. 물론 나르시시스트들은 강자 앞에서는 친절하게 행동할 수 있습니다. 눈치 보느라 강자의 감정과 생각을 살피고 아부하는 행동은 할 줄 알아요. 그렇지만 강해 보이지도 않는 누군가의 감정과 생각을 인정하고 존중해준다는 것은 이들에게는 있을 수 없는 일입니다. 따라서 상대방이 자신의 생각에 귀 기울이고 자신의 감정을 살피는 건 상대가 나약해서, 약자이기 때문에, 자신을 강자라고 생각하고 눈치 보고 있다고 여기는 거예요.

또한 나르시시스트들은 이 감정 공포증 때문에, 상대방이 자신의 감정에 조금이라도 영향을 줄까 봐 두려워합니다. 만일 자신이 불안한 감정과 상처받아 아픈 감정을 느끼면 이들은 그 감정을 제대로 다루지 못해요. 대신 그 모든 감정을 다 '비난'으로 표현합니다. 비난을 통해 상대방을 불안하게 만들어서 나의 불안한 감정을 상대에게 전가하는 거예요. 자신의 감정을 타인에게 전가해서 그 사람이 자기 대신 그 감정을 느끼게 하고, 그 감정은 더 이상 자신의 감정이 아닌 것처럼 인식해버리는 거죠.

이와 동일한 방식으로 상대방에게 수치심을 안겨줌으로써 나의 수치심을 해결하고, 상대에게 죄의식을 안겨줌으로써 나의 죄의식을 해결하며, 상대에게 공포심을 느끼게 함으로써 자신의 공포심을 조금이라도 해결하려고 애를 씁니다. 나르시시스트를 겪어보신 분들은 알겠지만, 이들은 정말 이상한 타이밍에 뜬금없이 상대를 비난하고 억지를 부리곤 하죠. 알고 보면 이 행동은 자신의 취약한 감정들을 숨기기 위한 전략입니다. 거들먹거리고 잘난 체하면서 상대의 결점을 집어냅니다. 나르시시스트가 비난할 때 그 내용을 잘 살펴보세요. 이 행동은 사실 자신이 상대로 인해 감정에 영향을 받았음을 숨기기 위한 전략입니다. 그러니 '이 인간이 지금 자기 자신에게 할 말을 나한테 하고 있구나, 지금 본인이 느끼는 감정을 나에게 떠넘기려고 수작을 부리는구나'라고 생각하시면, 감정을 조절하고 제어하는 데 많은 도움이 되실 겁니다.

나르시시스트 앞에서
감정 표현을 하려면

나르시시스트와의 관계에서 감정 조절은 아무리 강조해도 지나치지 않습니다. 우리가 감정 조절 능력을 갖게 되면 삶이 굉장히 또렷해지고 선과 악이 좀 더 분명하게 드러나는 것을 경험하게 되죠. 여러분이 침착하게 안정을 유지하고 나르시시스트의 행동에 휘말려들지 않으면, 그들의 비정상적인 행동이 훨씬 더 선명하게 드러나게 됩니다. 저 사람이 지금 어떤 식으로 혼란을 만들어내려고 하는지, 어떤 식으로 조종을 시도하고 있는지 정확하게 볼 수 있게 돼요. 나중에는 나르시시스트가 어떻게 반응할지를 예측할 수 있는 경지에까지 다다르게 되기도 합니다. 더 이상 나르시시스트의 말과 행동에 따라 감정적으로 끌려다니지 않게 되는 거죠. 그렇다면 나르시시스트 앞에서 감정을 표현하고 싶은 마음이 들 때 어떻게 하는 것이 좋을까요? 지금부터 나르시시스트 앞에서 감정을 조절하기 위해 알아야 할 몇 가지 팁을 말씀드리겠습니다.

첫 번째, 차분한 톤의 목소리와 관대한 표정을 유지합니다.
이들은 상대방이 하는 말의 내용보다는 목소리 톤이나 표정에 더 예민하게 반응합니다. 강아지에게 사랑한다는 말을 하면서 화난 표정으로 거칠게 소리를 지른다면, 강아지는 아마 자신을 공격하는 것으로 받아들일 겁니다. 반대로 위협하는 말을 하더라도 웃으면서 온화한 목소리로 말하면 강아지는 자신이 호의적인 대우를 받고 있다고 생각하죠. 나르시시스트도 그런 식이에요. 이들은 자신이 세상에서 가장 이성적이고 합리적인 사람인 줄 알지만, 매번 감정 공포증에 휩싸여 남을 비난하는 데 몰두하는 매우 비이성적인 존재들입니다. 그저 무의식을 따라 본능적으로 말하고 행동하기 때문에 자기가 무슨 말과 행동을 하고 있는지 대부분 인식조차 못 해요.

아무런 근거도 없이 자신이 하는 모든 말과 의견이 다 맞다고 생각합니다. 이렇듯 본능만으로 살아가는 짐승에 가깝기 때문에, 우리는 그들 앞에서 말의 내용보다 표정이나 목소리 톤, 목소리 크기 등에 더 신경을 써야 합니다. 평온한 목소리와 관대한 표정을 유지하세요. 설득하거나, 호소하고, 달래고, 이해시키려고 하면 안 됩니다. 흥분하거나 소리 지르는 것은 금물이에요. 여러분이 그렇게 하면 곧바로 나르시시스트의 얼굴에서 승리의 미소를 확인하게 될 뿐입니다. 감정을 전가하려는 자신의 의도대로 흘러가고 있으니까요.

두 번째, 그들의 표정과 말투, 행동을 완전히 무시해야 합니다.

에코이스트들은 보통 다른 사람의 감정을 잘 알아차리고 대화할 때 상대방의 의도를 재빨리 파악하는 경향이 있습니다. 이러한 장점 때문에 에코이스트들이 다른 사람들과 협력할 일이 생길 때면 모든 일들이 물 흐르듯 아주 빠르고 수월하게 진행되는 것을 볼 수 있죠. 상대방이 말하지 않는 것까지 알고 있기 때문에, 한 가지를 부탁하면 알아서 그에 맞게 필요한 서너 가지 일들을 더 하는 사람들입니다.

그러나 여러분의 이 장점을 나르시시스트 앞에서까지 발휘하지 않도록 조심하셔야 해요. 나르시시스트와 나 사이에 아주 두꺼운 필터가 있다고 생각하고, 정말 보고 들어야 할 것들만 골라내야 합니다. 정말 필요한 정보나 업무상 도움이 될 만한 것이 아니라면 그저 '아, 이 사람이 지금 온몸으로 쓰레기를 뱉어내고 있구나'라고 생각하면서 전부 무시해야 합니다. 자신의 부정적인 감정을 어떻게든 조금이라도 더 전가시키려 한다는 것을 인지하고, 그들의 말과 행동에 영향을 받지 않으시기 바랍니다.

못 들은 척, 못 본 척, 별일 아닌 척, 전혀 놀랍지 않은 척 의연하게 행동해야 할 때가 많아요. 에코이스트들에게는 쉽지 않은 일입니다. 그렇지만 불가능한 것도 아니에요. 연습하고 훈련하고 때로는 실수하는 과정을 거치면서 시간이 갈수록 점점 더 능숙하게 감정을 조절하게 될 것입니다.

세 번째, 인정받고 싶은 마음을 내려놓아야 합니다.

그들 앞에서는 내가 하는 말, 내 생각, 내 의견, 내 감정, 나 자체를 있는 그대로 인정받을 생각을 버리셔야 해요. 누군가를 조건 없이 존중하고 인정해주는 것은 성숙한 사람들에게나 가능한 일입니다. 나르시시스트들에게는 불가능한 일이에요. 가면을 쓰고 좋은 사람인 척 타인을 인정해주는 연기를 할 때도 있지만, 자신이 만만하게 생각하는 사람 앞에서는 본모습이 드러납니다.

이들은 여러분의 자신감 있고 유능해 보이는 모습을 그냥 두고 못 보는 사람들이에요. 여러분의 있는 그대로의 모습을 어떻게든 무시하고 깎아내리고 싶어 하죠. 어차피 아무리 말해봤자 나를 인정하는 말은 듣지 못할 거라는 사실을 받아들이시기 바랍니다. 대신 이 사실을 기억하세요. 그들이 여러분을 인정하든 안 하든 여러분의 가치는 변하지 않는다는 것을 말이에요. 그들이 어떤 말을 하고 어떤 반응을 하건 상관없이 여러분은 소중하고 귀한 존재라는 사실을 말입니다.

나르시시스트 앞에서
절대 해서는 안 되는 말

우리가 보통 'I-message'라고 부르는 '나 전달법'에 대해 많은 분들이 알고 계실 거예요. '나 전달법'이란 '나'를 주어로 해서 생각과 감정을 솔직하게 표현하는 방식을 말하죠. 상대방의 기분을 상하지 않게 하면서 나의 주장을 분명하게 전달할 수 있는 방법이에요. "너는 꼭 말을 그런 식으로 해야겠어?"라고 말하는 대신, "네가 그렇게 말하면 내가 기분이 안 좋아. 그런 말은 하지 말았으면 좋겠어"라고 표현하는 것이죠. 상대의 행동을 비난 없이 묘사하며 내가 느낀 감정을 공유하고, 내가 무엇을 원하는지를 부드럽게 설명하는 방법이에요. 보통 사람들은 이 '나 전달법'을 통해 좀 더 대화가 평화로워지고 서로를 더 이해할 수 있게 됩니다.

그러나 나르시시스트와의 관계에서 '나 전달법'은 갈등을 해결하기는커녕 더 악화시키는 경향이 있습니다. 당연하죠. 상대방의 감정 표현을 나약함의 증거라고 생각하고 있는 나르시시스트 앞에서 '나 전달법'은 그다지 좋은 표현 방법이 아닙니다. 특히 다음과 같은 말을 하는 것은 정말 위험합니다. "네가 그렇게 말하면 내가 기분이 안 좋아져. 네가 그렇게 행동할 때마다 나는 불안해. 네가 그런 말을 할 때마다 나는 무서워. 네가 그런 식으로 말할 때마다 나는 죄책감이 느껴져." 이런 말들은 나르시시스트와의 관계에서 당신을 더욱 만만하게 보이게 해서, 그들이 당신을 더 공격하기 쉽게 만들어버리죠.

"네가 그렇게 말할 때마다 나는 기분이 안 좋아져. 죄책감을 느껴. 불안해. 무서워. 걱정돼. 부끄러워" 등등의 말을 하는 것은 나르시시스트가 당신을 더 잘 괴롭히도록 도와주는 일이 됩니다. 그들이 당신을 좀 더 잘 조종할 수 있도록 힌트를 주는 셈이 되는 거예요. 당신에게 죄책감과 수치심을 느끼게 하는 방법을 순순히 알려주는 것이나 다름없죠. '네가 그렇게 말하면 나는 죄책감이 드니까 그런 말을 하면 나를 쉽게 조종할 수가 있어'라고 가르쳐주는 거나 마찬가지라는 거예요. '나를 이러이러한 식으로 조종해라. 그러면 내가 손쉽게 조종당하게 될 것이다'라고 말하는 거나 똑같다는 겁니다. 당신을 조종하는데 사용할 수단을 스스로 갖다 바치는 일이 돼버리는 거예요.

갈수록 나르시시스트는 자기가 무슨 말, 어떤 행동을 하면 당신을 휘두를 수 있는지 더 잘 알게 되겠죠. 어떻게 하면 여러분이 돌아버리고, 소리 지르고, 눈물 흘리고, 헛된 희망을 품는지 잘 알게 되는 거예요. 그리하여 나중에는 마음만 먹으면 언제 어디서든 당신을 자유자재로 조종하게 될 겁니다. 적절한 때, 장소, 목격자를 골라서 조종 스틱을 휘두르기만 하면 되는 거예요. 마음만 먹으면 언제든 당신에게 '미친 사람, 히스테리 환자' 딱지를 붙일 수 있으니, 나르시시스트 입장에서 얼마나 재미있고 즐거운 일이겠습니까.

그러니 그들에게 그런 표현은 하지 마세요. "네가 그런 말을 하면 내가 힘들어"라고 말하지 말고 그 대신 이렇게 말하는 거예요. 완전히 무표정으로, 전혀 감정에 흔들림 없이, 아주 단호하고 냉정한 어투로, "한 번만 더 이런 식으로 행동하면 나도 가만 있지 않아. 너한테 해주기로 했던 그것 안 해줄 거야. 너는 내 말을 안 듣는데 나만 네 말을 들어줘야 되는 거야? 이게 과연 맞는 건지 사람들한테 한번 물어봐야겠군" 하며 나르시시스트가 중요하게 생각하는 사람들의 이름을 꺼내보세요. 당황해서 안절부절못하는 모습을 보게 될 겁니다.

'한 번만 더 그런 식으로 말하면 내일 가기로 했던 모임에 나가지 않겠다'라는 식으로 이들에게는 뭔가를 잘해주기 전에 반드시 조건을 거셔야 합니다. 쉽게 말해 당근과 채찍으로 동물을 조련하는 것처럼 하라는 거예요. '잘 행동하면 네가 원하는 걸 주지만 이상한 짓을 하면 절대 네 바람대로 되지 않을 거야'라는 조건적인 사랑의 방식을 사용해야 한다는 거죠.

나르시시스트에게 건네는 사랑엔
조건이 붙어야 한다

여러분의 삶에서 무조건적인 사랑의 방식을 아예 버리라는 말이 아닙니다. 여러분의 고차원적인 수준 높은 사랑의 방식을 아무나에게 주면 안 된다는 거예요. 사람을 봐가면서 건네줘야 한다는 거죠. 어린 아기들이야 당연히 우리가 무조건적인 사랑을 줘도 되겠죠. 그렇지만 성인을 대상으로 할 때는 먼저 잘 판단해야 합니다. '무조건적 사랑의 가치를 알고 고마워하는 사람에게만 줘야 한다'는 거예요. 어린 아기일 때 부모를 통해 경험해본 사람들은 이 무조건적 사랑이 얼마나 좋은 것인지 알 수 있습니다.

반면 나르시시스트들은 이런 무조건적 사랑, 고차원적인 사랑을 받아본 적도 없고 이해할 수도 없는 경우가 많아요. 부모가 고차원적인 사랑을 너무 남발해서 기준 없이 아이를 멋대로 크게 내버려둔 경우일 수도 있습니다. 적절한 기준 없이 아이를 마냥 오냐오냐하면서 키우는 것 또한 제대로 된 사랑은 아니죠. 또한 '제대로 된 사랑을 못 받아본 사람들이니 이런 불쌍한 사람을 내가 무조건적으로 사랑해줘야 한다'는 생각은 아주 위험합니다. 그 생각이 선한 것처럼 들릴 수 있지만, 절대로 옳은 생각이 아니에요. 좋은 것을 알아보고 감사하는 마음을 가질 수 있을 때 그때 무조건적인 사랑을 주어야 효과가 있는 겁니다. 보석을 쓰레기 취급하는 사람에게 아무리 보석을 많이 갖다줘봐야 소용이 없는 거죠.

나르시시스트들은 반드시 조건적인 사랑으로 다스려야 합니다. 내가 먼저 사랑을 베풀어주고 그 사람이 보답하길 바라는 이런 선불제 방식은 쓰면 안 되는 거예요. 후불제로 가야 합니다. 그 사람이 어떻게 행동하는지를 보고 그다음에 그에 따라 내가 사랑을 베풀어줄지 말지를 결정해야 하는 거죠. 눈치 빠른 분들은 벌써 알아채셨겠지만, 이건 나르시시스트가 하는 방식을 그대로 쓰는 거예요. 물론, 이런 식으로 사람을 대하다 내가 나르시시스트가 되면 어떡하냐고 걱정하실 수도 있어요. 그렇지만 절대 걱정하지 마시기 바랍니다. 앞서 말씀드렸듯이 에코이스트들이 나르시시스트의 방식을 아무리 써도 나르시시스트와 똑같이 되지는 않습니다. 나를 불공정하게 무례하게 대하는 사람에게만 그런 방식을 쓸 뿐이에요.

여러분은 평소에 가만히 있는 사람을 일부러 괴롭히고 억울하게 하지는 않을 거잖아요. 여러분이 그런 걸 시켜도 못 할 사람들이라는 것을 제가 압니다. 그러니 상황이 불공정할 때, 상대가 나를 부당하게 이용하고 있다는 생각이 들 때만 나를 지키는 일종의 '호신술'로써 이런 방식을 사용하면 되는 거예요. 때에 따라 적절히 후불제 방식을 사용할 수 있게 되면, 여러분은 나르시시스트와는 아예 다른 사람으로 존재하면서 동시에 자기 자신을 지킬 수 있게 됩니다. 평소에 아무 일이 없어도 문제를 만들어내고 상대를 억울하게 만들고 괴롭히는 나르시시스트와는 완전히 다른 존재이면서, 나르시시스트들이 함부로 할 수 없는 그런 사람이 되는 거죠.

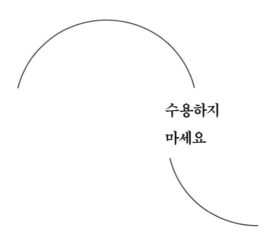

수용하지
마세요

　많은 사람들이 '나르시시스트'라는 존재 때문에 괴로움을 겪고 문제를 해결해보고자 노력하지만, 사실 모든 피해자들이 다 같은 상황에 처해 있는 것은 아닙니다. 각기 다른 상황에 처해 있죠. 겉으로 봤을 때 비슷해 보인다 하더라도 경우마다 미묘한 차이가 있습니다. 세상의 모든 피해자들을 한마디로 일반화할 수는 없기 때문에 회복과 치유에 있어서 개별화된 전략이 필요해요.

　많은 경우 나르시시스트로부터 도망치고 관계를 끊는 것이 가장 최고의 전략일 수 있지만, 현실적으로 관계를 끊기 어려운 상황도 분명히 존재합니다. 미국에서 심리적 학대에 관한 가장 많은 연구와 상담을 해온 것으로 손꼽히는 심리치료사인

샤논 토마스는 이렇게 말합니다.

"솔직히 나는 정신건강 전문가가 아닌 사람들이 심리적 학대자와 연락을 끊는 것만이 진정으로 회복하는 길이라고 말하는 것에 진력이 나려고 한다. 이는 단지 개인적인 경험일 뿐이며 잘못된 의견이다. 자신과 매우 다른 환경에 있는 사람들에게 자기 경험을 투사하는 것이다. 생존자는 스스로 모든 선택 사항을 살펴보아야 하며 자신에게 맞는 방식으로 결정해야 한다. 헤어지는 것이 맞을 수도 있고 아닐 수도 있다."

자식과 손자가 있는 사람이 30년 넘게 같이 산 배우자와 이혼하는 것은 절대 쉬운 일이 아닙니다. 그에 비해 한 집에 살지 않는 연인과 연락을 끊는 것은 상대적으로 좀 더 수월하죠. 똑같이 '나르시시스트'라는 대상을 다루고 있다고 해도 이 두 경우는 엄청난 차이가 있다고 봐야 해요. 5년 동안 다닌 회사를 그만 두는 것과, 동업자가 나르시시스트여서 지분을 매각하려고 하는 것에도 큰 차이가 있습니다. 어린아이들이 부모나 친척들을 보지 못하고 지내는 것을 원치 않아서 헤어지기를 망설이는 경우도 있고, 나르시시스트와 양육권을 공동으로 갖고 있거나 연로하신 부모님을 보살펴드려야 해서 어쩔 수 없이 계속 관계를 유지해야 할 때도 있습니다.

　나르시시스트 배우자와 이혼할 경우 생계가 막막해진다든지, 엄청난 보복에 대비할 자신이 없다든지, 몸과 마음이 너무 지쳐서 헤어지는 과정 자체가 부담스럽고 버겁게 느껴진다든지 여러 다양한 상황이 존재할 수 있습니다. 따라서 우리가 나르시시스트와의 모든 관계에 다 같은 방법을 쓸 수는 없다고 보는 게 맞겠죠. 지금의 상황이 피해자에게 어떻게 해가 되는지 그리고 피해자에게 얼마나 큰 영향을 주는지를 고려해서 신중하게 결정해야 합니다.

　이럴 때 좋은 전문가를 만나 상담받는 것이 큰 도움이 될 수 있습니다. 전문가와 상의도 해보고 스스로 아무리 생각해봐도 관계를 끊는 것이 최선이라는 판단이 든다면 얼른 결별하는 것이 맞을 것입니다. 그러나 어떤 이유에서든 계속 그들과 공존해야 한다고 판단을 내렸다면, 반드시 해야 할 일이 있습니다. 바로 그들 곁에서 '생존하는 법'을 충분히 익히는 것입니다.

　이제 나르시시스트와 쉽게 헤어질 수 없는 사람들이 반드시 알아야 할 생존법, 그들 곁에 있으면서도 휘둘리지 않고 나 자신을 지킬 수 있게 해주는 대표적인 세 가지 방법을 소개해드리겠습니다.

그들의 계산대로 움직이지 마세요

: 그레이락Gray Rock

나르시시스트와의 관계에서 나 자신을 지키고 보호하기 위해 알아둬야 할 첫 번째 생존법은 바로 '그레이락'입니다. 그레이락은 나르시시스트와의 관계 초기뿐 아니라 관계가 깊고 오래된 경우에도 잘만 사용하면 큰 효과를 볼 수 있는 대처법이에요. 나르시시스트와의 관계를 경험하고 있다면 반드시 알아야 할 가장 기본적인 대응 방법이라고 할 수 있죠. 그레이락의 원리는 다음과 같습니다.

길을 걷다가 주변에 핀 꽃이나 멋진 나무를 보면 잠시 멈춰서 감상하기도 하죠. 그러나 아주 흔한 회색 돌멩이를 보고 멈춰 서는 일은 거의 없습니다. 흔해 보이고 별 재미도 느껴지지 않으며 들여다봤자 지루하기 때문이에요.

나르시시스트 앞에서 그레이락을 활용한다는 것은, 그들 앞에서 정말 회색 돌 같은 재미없고 지루한 상대가 되는 걸 말합니다. 그들이 조종하는 대로 감정을 분출하지 않고 최소한으로 반응하며 감정을 내비치지 않는 것을 말하죠. 방어도 논쟁도 하지 않으며 상황에 대해 설명하지도 않고 자신을 변호하지도 않습니다. 무엇이 옳고 그른지, 나르시시스트가 뭘 잘못했고 내가 어떤 것을 느꼈는지, 내가 얼마나 실망했고 힘들고 아픈지, 얼마나 상처받았는지, 내 입장이 지금 어떤지 이런 이야기들을 일체 하지 않는 거예요.

이 그레이락은 나르시시스트 앞에서 담대하게 말로 받아치기 힘든 경우에 우리가 가장 먼저 손쉽게 사용할 수 있는 방법입니다. 다른 대응 방식에 비해 위험성은 적은 반면 그 효과는 아주 강력하죠. 나르시시스트의 심리가 어떤 식으로 작용하는지를 정확하게 아는 사람들이 이용할 수 있는 아주 스마트한 기술이라 볼 수 있습니다.

그레이락은 나르시시스트가 남에게 자신의 감정을 떠넘기지 못하게 만든다는 데 큰 의미가 있어요. 나르시시스트는 자신이 느껴야 할 부정적인 감정을 남이 대신 느끼고 표출하는 것을 보며 쾌감을 느끼는 사람들이죠. 나르시시스트가 상대방을 비난하고 깎아내리면 상대방이 기분 나빠하며 화를 내고 흥분하고 울고불고하는 게 바로 나르시시스트가 원하는 패턴인데요. 이 패턴을 깨버리는 것입니다. 감정을 분출해야 할 시점에 우리가 전혀 흔들리지 않고 표정조차 변하지 않으면서 아무런 반응을 하지 않는 거예요.

그렇게 하면 나르시시스트는 부정적인 감정들을 남에게 떠넘기고 자신은 해방되려 했지만, 그 부정적인 감정이 그대로 반사되어 다시 나르시시스트에게 돌아갑니다. 자신의 감정을 남에게 떠넘기지 못했으니, 스스로 직접 그 감정을 느껴야 하는 상황이 되는 거죠.

이러한 의미에서 그레이락은 일종의 '미러링'이라고도 볼 수 있습니다. 부정적인 감정들, 불안감과 수치심, 죄의식 등을 그대로 반사해 되돌려주는 거울 역할을 하는 거예요. 아무 말도 하지 않고 논쟁하려 들지도 않고, 감정도 보이지 않고 그저 차분하고 조용히 마치 하나의 조각상이 서 있는 것 같은 그런 모습을 유지함으로써 말이죠.

그런데 한 가지 기억해야 할 것은, 여러분이 나르시시스트 앞에서 이 그레이락을 시도했을 때 처음에는 이들이 굉장히 화를 낼 수 있다는 것입니다. 왜냐하면 이들은 이런 부정적인 감정을 스스로 다룰 능력이 없기 때문이에요. 누군가가 희생양이 되어 자기 대신 느껴줘야 그 감정이 해소되는데, 희생양이 희생양 역할을 안 하고 거부하고 반사하는 거울 역할을 해버리니 당황스러운 겁니다. 자신에게 되돌아오는 부정적인 감정들을 도대체 어떻게 다뤄야 할지 몰라 혼란에 빠지게 되죠.

그래서 상대방이 다시 감정을 쏟아내게 만들기 위해서 약 올리고 떠보고 겁주고 화를 내고 나쁜 말들을 쏟아낼 수 있어요. 남들에게 상대방 욕을 할 수도 있고요. 그러면 그냥 놔두세요. 뭐가 옳고 그른지 일일이 설명하고 똑같이 비난하고 욕하고 화내는 건 그들에게 또다시 휘둘리는 것밖에 안 되거든요. 진흙탕 싸움 속으로 다시 끌려들어가는 거나 마찬가지입니다. 그들의 심리를 파악한 여러분답게 지식인답게 스마트하게 끝까지 그레이락 기법을 사용해 미러링하세요. 불안하고 상처받은 마음을 그들이 직접 느끼게 하는 겁니다. 그 어떤 감정적인 반응도 하지 말고 끌려가지 마세요.

그리고 정말 잊지 말아야 할 한 가지 중요한 것이 있습니다. 그들이 당신을 비난하고 모욕하고 경멸할 때 그것은 당신을 향한 것이 아니라는 겁니다. 그들의 비난과 조롱은 당신을 향한 것이 아닙니다. 그건 그들 내면에 있는 불안과 상처에 대한 것이지 당신 때문이 아니에요. 계속해서 그레이락으로 모습을 유지하고, 되도록이면 그 논쟁의 자리에서 빨리 벗어나 다른 곳에 집중해야 합니다. 그러면 나르시시스트는 어떻게든 자신의 감정을 스스로 해결할 기회를 한 번이라도 더 갖는 셈이 되겠죠. 물론 대부분은 제대로 해결하지 못하고 다른 희생자를 찾게 될 게 뻔하지만 말이에요.

그레이락을 몰라서 나르시시스트가 원하는 대로 감정을 분출하고 끌려다니게 되면 어떤 일이 일어날까요? 결국에는 여러분의 필요, 입장, 생각이 모두 무시당하게 됩니다. 여러분은 나르시시스트의 말을 인정하고 수용한 후 거기서 느껴지는 감정과 생각을 표현하겠지만, 나르시시스트는 여러분이 하는 모든 말을 어떻게든 반박하고 무시한 후 자기 멋대로 결론을 내버릴 거예요. 그리고 만일 자신의 말대로 따르지 않으면 여러분에게 보복하려 들 겁니다. 여러분은 나르시시스트의 입장을 수용하여 결정을 내리려 하지만, 나르시시스트는 상대방의 입장을 완전히 묵살하고 자기 뜻대로만 결정을 내리고 여러분은 거기에 아무 말 없이 따라야 하는 일이 반복될 거예요. 그러면서 아주 자연스럽게 '지시와 복종'의 관계가 형성되죠.

이것은 나르시시스트의 힘을 강화시키는 일이 됩니다. 나르시시스트는 상대방의 결정권을 모두 빼앗아 자신의 것으로 만들어버릴 거예요. 그렇게 피해자는 지시와 복종의 관계에 익숙해지고 시간이 갈수록 그저 나르시시스트의 필요를 채워주는 데에만 몰두하는 비정상적인 관계 속에 살게 되는 것입니다. 나르시시스트들은 자신에게 힘을 가져다줄 희생자를 항상 절박하게 필요로 합니다. 상대방이 그레이락을 사용했을 때 나르시시스트가 분개하는 것은 그 상대가 너무도 필요하기 때문이에요. 너무도 필요한 상대가 그 역할을 포기하려 하다니, 아주 위험한 신호로 받아들이는 거죠.

이렇듯 여러분이 그레이락을 사용하는 건 나르시시스트의 조종에 더 이상 놀아나지 않겠다고 신호를 주는 것과 같은 의미입니다. '그 사람이 날 괴롭히고 있어. 도대체 왜 저러지? 내가 뭘 잘못했나? 날 떠나가면 어떡하지?' 등등의 생각으로 그 사람을 달래고 눈치를 보고 그 사람 말대로 따르려고 애쓰는 노력을 이제는 그만 멈추겠다는 의미에요. 또한 그레이락은 그들의 가치를 낮게 평가하는 행동이 됩니다. 나르시시스트들을 무시하는 행위가 되는 거죠. 즉 그들의 힘, 권력을 인정하지 않는다는 의미가 됩니다. 자기 뜻대로 남을 움직이고 조종하려는 나르시시스트들의 힘을 무시함으로써 그들 밑으로 들어가는 것을 거절하는 일이 되는 거예요. 그레이락은 이렇게 장점이 많은 기술입니다.

나르시시스트가 상대방에게 바라는 것은 언제나 '감정 분출'입니다. 자신의 내면에 있는 감정을 상대가 대신 분출해주길 바라고, 그렇게 상대방으로 하여금 감정을 분출하게 만든 자신의 능력을 일종의 권력이라 여기고 만족감을 느껴요. 그래서 마치 수도꼭지에서 물이 콸콸 나오듯이 상대방이 끊임없이 감정을 분출하기를 바라죠. 기분 나빠하고 눈치를 보고 흥분하고 소리를 지르는 등 상대방이 부정적인 감정을 계속해서 표출하길 바랍니다.

그러나 우리는 그 수도꼭지를 잠가버리면 되는 거예요. 물론 처음부터 잘되지 않습니다. 하다 보면 몇 방울이 흘러나올 수도 있어요. 그렇지만 하면 할수록 감정 조절에도 도움이 되고 반복할수록 익숙해질 것이며 익숙해지는 만큼 더 잘하게 될 겁니다.

마지막으로 한 가지 주의해야 할 것은 나르시시스트가 정말 불필요한 말을 할 때 그리고 나를 공격하는 말을 할 때만 이 그레이락을 사용해야 한다는 것입니다. 중요한 주제를 언급해야 한다든지, 정보를 주고받아야만 하는 경우에는 아주 건조하게 감정 없이 필요한 만큼만 짧게 이야기하고 끝내세요. 뭔가를 보고하고 보고받는 식의 사무적인 대화면 충분합니다. 심지어 가족이라고 하더라도 그냥 회사의 직원이라고 생각하고 일 얘기가 아닌 다른 이야기는 하지 마세요. 나르시시스트와는 친근하게 지낼 생각을 하시면 안 됩니다.

그리고 다시 한번 말씀드리지만, 그들이 당신을 비난하고 모욕하고 경멸할 때 그건 당신을 향한 게 아니라는 것을 기억하시기 바랍니다. 당신을 향한 게 아니라, 그들 내면에 있는 불안과 상처를 보여주고 있다는 것을 잊지 마세요.

'정의로운 분노'를
표현하세요

비즈니스 커뮤니케이션 전문가인 샘 혼은 '언어폭력에 대응하는 법'을 주제로 워크숍을 진행합니다. 도를 넘어 무례하게 구는 사람들 앞에서 대처하는 법을 가르쳐주고 있죠. 그는 온화하고 부드러운 방식만으로는 우리가 악한 사람들을 제대로 다룰 수 없다고 말합니다. 때때로 당당히 맞서고, 할 말을 하고, 갈등이 더 커질 것을 알면서도 강하게 나가야 할 때가 있다고 이야기해요. 다음은 샘 혼의 워크숍에 참여했던 한 여성의 이야기입니다.

"저는 몇 년 동안이나 남편의 언어폭력에 시달린 끝에 간신히 용기를 내서 어머니에게 사실을 털어놓았어요. 하지만 어머니는 결혼 생활을 유지하는 것이 여자의 의무라고, 더 좋은 아내가 되기 위해 노력해야 한다고 했어요. 친구에게 조언을 구했더니 남편의 장점을 보고 참으라고 하더군요. 무수히 많은 자기계발서에서도 '사랑이 모든 것을 이긴다'라거나 '원하는 방향대로 자신부터 변화하라'는 얘기뿐이었어요. 심리치료사 역시 남편을 이해해야 한다는 말을 반복했어요. (잠시 멈추고 고개를 저으며) 남편을 이해하고 계속 참았던 것이 애초에 문제의 원인이 었어요. 잘 대해줄수록 남편은 더욱 못되게 굴었어요. 그 힘들었던 시절, 당당히 남편에게 맞서는 것이 해결책이라는 말을 누군가 제게 해줬다면 얼마나 좋았을까요?"

　모든 에코이스트들이 다 그런 것은 아니지만, 많은 경우 이들은 화를 내거나 소리 지르는 것을 굉장히 수준 낮은 짓, 나쁜 행동이라고 생각하는 경향이 있습니다. 그래서 인생을 좌지우지할 정도로 위험한 일 앞에서도 그저 온유한 말투로만 일관하죠. 이성적으로, 논리적으로만 해결하려고 애씁니다. 그도 그럴 것이 이성적이고 논리적인 방식으로 많은 문제들을 해결하며 살아온 사람들이거든요. 그런데 우리가 현실을 살다 보면 논리와 이성만으로는 해결할 수 없는 일들을 만나게 됩니다. 때로 어떤 사람들 앞에서는 길게 설명하는 것보다 그냥 무서운 눈으로 쏘아보거나 한 번 화를 버럭 내는 것이 상황을 진정시키고 질서를 잡아주기도 한다는 거죠.
　우리가 반드시 분노해야 할 때조차 화내지 않고 그저 온화하게만 대하는 것은 문제를 더 악화시키는 일이 됩니다. 화내지 않고 타이르는 것에서 멈추는 게 그저 죄악을 방임하는 것에 불과할 때가 있어요. 특히나 나르시시스트들을 상대할 때 더더욱 그렇습니다. 나르시시스트들의 경우 '말'의 중요성을 전혀 모르는 사람들입니다. 대화와 소통만으로 그들의 나쁜 짓을 막을 수 있다고 생각하는 것은 아주 위험한 생각이에요. 심리치료사 크리스텔 프티콜랭을 비롯해 수많은 전문가들은 다음과 같이 말합니다.

"그들의 악한 행동은 강한 힘에 의해 제지되고 제압되어야만 막을 수 있다."

나르시시스트와의 사이에서 일어난 문제는, 온화한 대화 스킬만으로는 절대 해결할 수 없다는 것입니다. 흔히 우리는 어떠한 상황에도 결코 화내지 않는 사람을 '온유한 성격'이라고 생각하는 경향이 있죠. 성경에서 말하는 '온유함'의 원래 뜻은 그저 온화하고 관대한 상태만을 유지하는 것이 아닙니다. '온유함'이라는 단어의 정확한 의미는 다음과 같습니다.

사납고 무서운 어미 사자가 자신의 어리고 유약한 새끼 사자를 입으로 물어 다른 곳으로 옮기려 할 때, 자신의 날카로운 이빨에 닿지 않도록 부드럽게 아주 살짝 무는 것, 그 행동을 '온유함'이라고 합니다. 상대방을 다치게 할 힘과 능력이 있음에도 그 능력을 사용하지 않고 상대방을 사랑하는 마음으로 부드럽고 따스한 태도를 유지하는 것, 그것이 바로 '온유함'이라는 것이죠.

다시 말해, 상대방에게 해를 끼칠 능력, 위협할 능력이 전혀 없는 상태는 '온유함'이라고 할 수 없다는 거예요. 강한 힘을 가진 사람이 그 힘을 쓰지 않고 부드럽게 행동할 때 비로소 우리는 그 사람을 온유하다고 말할 수 있습니다. 힘이 없어 어쩔 수 없이 부드러운 태도만을 유지하는 것은 온유함이 아니라 '나약함'에 불과합니다. 마치 사자 앞에서 눈치를 보며 부드럽게 행동할 수밖에 없는 나약한 토끼처럼 말이에요.

따라서 우리는 사자처럼 언제든 나르시시스트 앞에서 위험한 존재가 될 수 있는 아주 강한 존재이면서도, 평소에는 자신의 이빨을 웬만해서는 보이지 않는 그런 사람이 되어야 합니다. '네가 선을 잘 지켜만 준다면 나도 네 앞에서 좋은 사람의 모습만 보여줄 것이다. 그러나 자꾸만 선을 넘고 나를 괴롭히려 들고 날 억울하게 만들려고 한다면 나는 가만히 있지 않겠다'라는 메시지를 전할 수 있어야 한다는 거죠. 즉, 때에 따라 나도 너에게 해를 입힐 수 있다는 것을 알려주어야 합니다. 자신이 손해를 보거나 해를 입을까 봐 두려워하는 나르시시스트의 마음을 이용하는 거예요.

이 메시지를 잘 전달할 수 있는 가장 좋으면서도 기본적인 방법 중의 하나가 바로 화내는 모습을 보여주는 것입니다. '나도 화낼 줄 아는 사람이다'라는 것을 보여주는 거예요. 화내는 모습을 보여주는 것은 일종의 힘을 드러내는 행동이기 때문입니다. 마치 사자가 으르렁거리며 포효하듯, 그래서 자신에게 대드는 짐승에게 위협하듯 화를 내는 것이죠. 나르시시스트들은 알고 보면 짐승에 가까운 존재들이라, 우리가 마치 짐승을 다루는 조련사처럼 행동하면 효과를 볼 때가 있습니다.

현대 사회에서는 사람을 죽이거나 때리는 등 물리적인 힘을 행사하는 것이 법으로 금기시되어 있죠. 따라서 아무리 분노하더라도 물리적 힘을 행사하면 안 됩니다. 선을 넘는 일이 돼버려요. 그런데 이렇게 법적으로 정해진 선을 넘지 않으면서도 아주 간단하게 우리가 가진 힘을 상대에게 보여줄 수 있는 방법이 바로 화를 내는 것이라고 할 수 있습니다. 이때 주의해야 할 것은 감정적으로 부르르 떨거나 흥분하면 안 되고, 아주 엄한 목소리로 단호하게 '한 번만 더 그러면 가만 안 두겠다'라는 뉘앙스를 전해야 합니다. 다음과 같이 말하는 거예요.

"한 번만 더 그렇게 하면 당신이 한 짓을 SNS에 다 올려버릴 거야. 영어로 번역해서 전 세계에 뿌려버릴 거야. 당신이 날

명예훼손으로 고소해서 내가 감옥에 가는 일이 있더라도 나는 끝까지 갈 거야."

많은 사람들은 에코이스트들이 자존감이 낮고 자신감이 없어서 화낼 줄 모른다고 오해하는데 그건 정말로 큰 오해입니다. 앞서 말씀드렸듯이, 에코이스트들이 화를 잘 내지 않는 것은 상대가 무서워서가 아닙니다. 이들은 화내는 걸 굉장히 싫어해요. 누군가가 화를 낸다고 해서 그 사람을 쉽게 두려워하지도 않죠. 충분히 대화로 해결할 수 있는 일인데 왜 화를 내는 것인지 이들은 이해하지 못해요. 수준 낮은 사람들이나 그렇게 화를 내지, 수준 높은 사람들은 화낼 일이 거의 없다고 생각합니다. 그저 이성적인 대화를 통해 문제를 해결할 수 있다고 여기는 거죠.

그런데 그동안 수준이 높다고 생각해왔던 나르시시스트가 갑자기 버럭버럭 화를 내기 시작하면 에코이스트는 굉장히 당황스러워 합니다. 그리고 이렇게 생각하죠. '저렇게 화낼 만한 이유가 도대체 무엇일까, 충분히 대화로 해결할 수 있는 일인데도 저렇게 화내는 걸 보면 내가 모르는 뭔가가 있는 것 같다, 도대체 무슨 의도로 화내는 걸까, 나한테 다른 불만이 있는데 말을 못 하는 걸까…'라는 식으로 생각이 꼬리에 꼬리를 물고 이

어지게 됩니다. 도대체 무엇 때문에 저 사람이 화를 내는 것인지 알아내기 위해 이성적으로 판단하는 데 시간과 에너지를 쓰기 시작해요.

그런 모습을 보면서 나르시시스트는 '쟤가 날 무서워해서 반항하지 못하는구나'라고 받아들입니다. 나르시시스트가 봤을 때는 상대가 힘이 있고 강한 사람이라면 자신에게 버럭 소리를 지르고 화를 내서 자기 힘을 과시할 텐데, 힘이 없으니까 저렇게 조용히 말하면서 자신의 눈치를 본다고 생각한다는 거예요.

따라서 만일 나르시시스트 앞에서 화내는 모습을 보인 적 없다면 아마 여러분은 더더욱 무시당해왔을 것입니다. 화내는 것을 굉장히 수준 낮은 짓이라 생각해서 화내지 않았을 뿐인데, 나르시시스트가 볼 때는 무슨 일을 당해도 화내지 않는 그 모습이 마치 사자 앞에서 토끼가 눈치 보는 것 마냥 보이는 거예요. 모든 것을 힘의 논리로만 바라보는 짐승에 가까운 이 나르시시스트의 눈앞에는 그렇게 보입니다. 그리하여 당신은 그저 부드럽고 유약하기 그지없는, 언제든 자신이 밟아버릴 수 있는 존재로 인식되고 마는 것이죠.

눈높이를 낮춰서
상대하세요

나르시시스트들은 마치 정글 속의 동물들이 힘의 크기에 따라 서열이 정해진 것처럼 사람들을 서열로 정리합니다. 자칫 잘못하다가는 해를 입을 수도 있겠다는 생각이 들 정도로 강한 사자 앞에서는 절절매지만, 언제든 잡아먹을 수 있는 토끼나 다람쥐 같은 유약한 동물 앞에서는 자신이 군림하고 지배하려 들어요. 정말 유치하죠? 정서적 연령이 낮을수록 짐승과 비슷한 사고를 한다는 것을 기억하시기 바랍니다.

그렇다면 우리는 어떻게 해야 할까요. 인간의 수준 높은 이성적 사고가 불가능한 이들에게, 지금 당장 성숙한 사람의 방식대로 행동하라고 요구할 수 있을까요? 갑자기 정신연령이 높아지기를 요구함으로써 문제를 해결할 수 있을까요? 아니요. 그건 불가능한 일입니다. 그러면 어떻게 해야 할까요? 한 가지 방법이 있습니다. 능력 있는 사람이 수준 낮은 사람의 눈높이로 내려가 그들을 설득하는 것이죠. 마치 유치원생 앞에서 그 아이의 눈높이에 맞춰 말하듯 나르시시스트의 수준에 맞는 방식을 적절하게 사용하는 것입니다.

나르시시스트들과 똑같은 사람이 되라는 것이 아니라, 문제를 푸는 데 필요한 만큼만 힘의 논리를 사용해서 지혜롭게 행동하라는 것입니다. 유치원생과 유치하게 놀아준다고 해서 우리가 유치원생이 되지 않는 것처럼, 때로 그들 수준에 맞춰 그들을 설득한다고 해서 우리가 똑같은 사람이 되지는 않습니다. 마치 천지를 창조한 전지전능한 신이 인간의 옷을 입고 이 땅에 내려와 인간의 방식으로 인간을 설득하고 인간들에게 사랑과 용서를 가르친 것처럼, 우리는 어느 정도 나르시시스트의 수준으로 우리를 낮추어 그들을 설득할 방법을 찾아야만 하는 거예요. 그들이 짐승과 같아서 무서운 사자들의 말만 잘 듣는다면, 때로는 우리가 사자처럼 행동해야 할 필요도 있다는 거죠.

그러므로 이 나르시시스트들 앞에서는 이성적인 말로 설명하고 대화를 시도하고 논리적으로 이해시키려 하는 것보다는, 버럭 화를 내는 게 훨씬 더 효과적일 때가 있다는 것을 알아야 합니다. 이걸 경험해본 적 없는 사람들은 아마 제 말에 동의하기 힘드실 거예요. "뭐? 대화하지 말고 그냥 화를 내라고? 그게 말이 되는 소리야?" 네, 말이 안 되는 것처럼 들리실 거예요. 그런데 어쩌겠습니까. 말이 안 되는 인간들을 상대하기 위해서는 우리가 말이 안 되는 행동을 해야 할 때가 있는데.

물론 나르시시스트와의 관계가 많이 심각하다면, 화내는

것을 조심해야 합니다. 제 책을 참고하기보다는 전문가들의 진단이 더 필요한 경우도 분명히 있어요. 그러나 문제가 그렇게까지 심각하지 않다면 이번 장에서 말씀드린 내용이 과연 맞는지, 틀리는지 생각해보고 시도도 해보시기 바랍니다.

가해자들은 보통 상대방이 초기부터 단호하게 의사를 밝히는 경우에는 심리적으로 위축되고 행동에도 제약을 받습니다. 동시에 자기 자신의 행동에 한계를 설정하고 못된 짓을 더 하지 않도록 도와주는 상대방에게 존중하는 마음을 가지게 되죠. 관계 초기에는 상대방에 대한 파악이 덜 된 상태이기 때문에, 나르시시스트는 자신이 모르는 사람 앞에서는 예의를 갖추고 의견을 잘 수용하는 경향이 있습니다.

그래서 우리가 관계의 초반에 단호하게 의사를 밝히면, 나르시시스트는 그 사람을 자신이 함부로 간섭할 수 없는 사람, 힘power이 있는 사람이라고 인식해요. 앞에서도 이야기했지만 나르시시스트는 철저히 힘의 논리로 살아가기 때문에, 자기보다 힘이 세 보이는 사람의 말에 영향을 받고 자신의 행동을 제어하는 경향이 있습니다. 초기에 기선 제압을 통해 서열을 정리하는 그들의 습성을 이용하는 것이죠.

폭력성은 한번 나타나면 거침없이 확대되는 특성이 있기 때문에 우리가 초기에 정당한 분노를 표현함으로써 그 싹을 잘

라버리는 것이 정말 중요합니다. 만일 나르시시스트의 부당한 행동을 이해하고 용서하고 포용하려고만 한다면 나르시시스트는 당신을 능력이 없고 힘이 부족해서 어쩔 수 없이 자신을 지키지 못하는 사람처럼 취급할 거예요. '적절한 반응을 보이지 않아서 자신의 영역을 지키지 못하는 무능한 사람'이라 여기고 쉽게 착취의 대상으로 삼습니다.

우리가 늘 기억해야 할 건 가해자들은 보통 자기 자신을 스스로 통제할 능력이 없다는 것입니다. 그렇기 때문에 우리가 단호한 거절로 그들의 행동을 제어해주는 사람이 되어야 해요. 마치 동물들이 자기 멋대로 행동하지 못하게 제압하는 조련사처럼 말이죠.

저의 유튜브 채널 〈서람TV_힐링크리에이터〉를 오랜 기간 구독해온 분들은 다음과 같은 고백을 합니다.

"온유하게 대화로 풀려고 애쓸 때는 내 말을 전혀 안 듣던 사람이 짧고 굵은 분노의 한마디에 깨갱하며 태도를 고치는 것을 어느 순간 목도하게 되었다."

저도 직접 겪은 일이지만, 여러분이 이걸 한번 경험하고 나면 정말 허탈해질 거예요. 내가 그동안 뭐 했나 싶은 생각이 들죠. 장시간의 토론보다 한 번의 버럭이 효과를 보다니, 이 사람은 정말 사자 앞에서 절절매는 한 마리의 개나 다름없구나. 이토록 짐승과 비슷한 수준인지도 모르고 난 도대체 뭘 한 건가, 서로 생각과 의견을 나누고 합의해보겠다고 그토록 애를 쓴 나 자신이 너무 어이가 없는 거예요.

나르시시스트들의 수준이 그렇습니다. 알고 나면 진짜 별것도 아니고, 나중에는 다른 사람들보다 더 다루기 쉽다는 생각까지 들게 돼요. 왜냐하면 내가 그들이 생각하는 강자만 되면 이제 그들은 내가 무슨 행동을 어떻게 해도 모두 다 좋게만 받아들이거든요. 내가 그들 앞에서 강자가 되면, 말을 실수하거나 잘못된 행동을 해도 이 사람들은 비판할 줄 모릅니다. 강자가 하는 말은 그냥 다 옳다고 생각해요. 선과 악을 구분할 줄 모르고 그저 강자가 하는 모든 건 다 좋고 약자가 하는 건 다 나쁘다고 생각하기 때문입니다.

그리하여 여러분이 이제 나르시시스트의 실체를 알고 그들을 잘 다룰 줄 알게 되면 나중에 시간이 지나면서 일어나는 일은 다음과 같습니다. 여러분은 나르시시스트들보다 에코이스트들에게 더 많이 신경 쓰게 될 거예요. 나르시시스트들은 하나도 안 무서운데, 에코이스트들이 무섭게 느껴지기 시작할 겁니다. 에코이스트들은 진실을 말하는 사람들이거든요. 옳고 그름에 대한 기준 또한 뚜렷하죠. 내가 뭔가 잘못을 하면 에코이스트들은 가차 없이 파악하고는 진언을 해버립니다. 따라서 나중에는 이 부드럽디부드러운 에코이스트들 앞에만 가면 더 긴장하게 되죠. 목소리가 크지도 않고 예의를 다 갖춰서 말을 하는데도 그 말이 참 무겁고 또 무섭게 느껴져요. 그들이 아니라고 하면 진짜 아닌 거니까요.

따라서 이 온유하고 부드러운 사람들에게 더 잘해주려고 노력하게 됩니다. 나르시시스트들이 자기를 드높이려 하는 백마디 거센 말들보다, 에코이스트가 조용히 하는 한마디가 훨씬 더 무섭게 들리게 되는 거죠. 결국 나르시시스트들에 대해서는 그 존재 자체를 별로 신경을 안 쓰게 됩니다. 막 큰소리로 말해도 내 귀에 잘 안 들려요. 다 거짓말뿐이고 대부분이 영양가 없는 말들뿐이니까, 그냥 개 짖는 소리로 들립니다. 참 희한하죠. 이 모든 게 우리가 나르시시스트의 심리에 대해서 제대로 알게 되면 일어나는 일입니다.

에코이스트 여러분, 한번 주변 사람들을 관찰해보시기 바랍니다. 대부분의 사람들이 필요할 때 까칠하게 굴고 적당히 화도 낼 줄 안다는 것을 발견하게 되실 거예요. 주변 사람들의 행동에 대해 내가 지금까지 너무 부정적으로만 생각해온 것은 아닌지, 그 사람들을 내가 너무 함부로 판단하며 살아온 것은 아닌지 스스로 돌아볼 필요도 있겠죠.

오은영 박사의 말에 따르면, 어릴 적 부정적 감정을 너무 과다하게 경험한 사람들은 부정적 감정이 자기 내면에 조금이라도 생기는 것을 용납하지 못한다고 합니다. 내가 바로 이런 경우가 아닌지, 그래서 부정적인 감정을 표현하는 것을 죄악시하는 건 아닌지 스스로 돌아볼 필요도 있지 않나 싶어요. 물론 사소한 일, 이해하고 넘어갈 수 있는 일, 굳이 따지지 않아도 되는 일에 대해서는 우리가 화를 내면 안 되겠죠. 그때는 되도록이면 상대방을 덮어주고 안아주고 이해해주려고 노력해야 해요. 용서와 관용은 여전히 사회에서 귀한 가치를 지닙니다.

그러나 내 인생을 좌지우지할 정도로 위험한 일 앞에서는 욱하고 싸울 줄도 알아야 합니다. 객관적으로 판단했을 때 누가 봐도 화낼 만한 상황이라면 화를 낼 수도 있어야 한다는 거예요. 그 화가 나르시시스트적인 화만 아니면 괜찮습니다. 나르시시스트들은 경솔한 마음으로 자기 욕심만 채우기 위해 부당한 방식으로 화를 내죠. 그들과는 달리 정의로운 사람이 정말 필요하다는 판단 하에 적당한 양을 조절하여 적절한 방식으로 화를 내는 것은 일종의 '정의로운 분노'라고 할 수 있습니다. 우리 자신과 주변의 소중한 이들을 지키기 위해서는 이 정의로운 분노가 반드시 필요합니다.

그런데 아마 에코이스트들은 이렇게 물을 수도 있어요.

"내가 잘못 판단하는 일이 생기면 어떡하죠? 화내야 할 때가 아닌데 잘못 화를 내면 어떡해요?"

정말 에코이스트다운 질문이라고 봅니다. 내가 아무리 부당한 일을 겪어도 일단 지금 화를 내는 것이 정말 옳은 일인지부터 생각한다는 게 말이죠. 인간은 누구나 실수하는 존재라는 것을 늘 잊지 않으셨으면 좋겠어요. 우리는 서로 타인의 실수를 보듬고 살아가야 합니다. 또한 화를 적절하게 낼 수 있게 되기까지 한동안 연습도 필요합니다. 처음에는 실수할 수 있어요. 강약 조절이 처음부터 잘 되지는 않을 테니까요.

다른 사람이 부당하게 화내는 건 그렇게 감싸주면서, 내가 화내는 것에는 그렇게까지 엄격한 잣대를 들이미는 이유가 무엇인지에 대해서도 한 번쯤 고민해봐야 합니다. 가끔씩 내가 불필요하게 화를 내는 일이 있더라도, 정말 좋은 사람들은 당신의 그 모습을 보고 함부로 나쁘게 판단하지 않아요. 자기 자신도 때로 별 생각 없이 화낼 때가 있다는 것을 알기 때문이죠.

따라서 우리가 아주 가끔씩 별 생각 없이 화를 낸다는 건 어쩌면 다른 사람들이 나를 이해하고 배려해줄 기회를 제공하는 것과 같습니다. 다른 사람들과 별 다를 바 없이 똑같은 평범한 사람임을 내비치는 일이 된다는 거예요. 평소 대부분의 상황에서 선하게 행동하면 될 일입니다. 나르시시스트처럼만 안 하면 됩니다. 그들은 시종일관 타인의 감정을 무시하고 짓밟고 그러고도 아무 양심의 가책 없이 자신은 모든 면에서 훌륭하다고 생각하는 그런 어처구니없는 삶을 살고 있죠. 그리고 저는 압니다. 제가 아무리 여러분에게 제발 이 나르시시스트처럼 살라고 말을 한들, 에코이스트 여러분들이 그 말에 따르겠습니까? 에코이스트들은 절대 나르시시스트처럼 행동하며 살 수가 없습니다. 그러니 나르시시스트가 될까 봐 걱정할 필요는 없어요. 그리고 여러분이 너무 완벽할 필요가 없다는 것도 기억하시기 바랍니다. 당신에게 완벽함을 바라는 정상적인 사람은 아무도 없습니다.

여러분이 아주 가끔 화를 낸다면 주변의 좋은 사람들, 평범한 사람들은 다음과 같이 생각하게 될 겁니다.

'평소 그렇게 착한 사람이 저렇게 화를 내다니, 굉장히 기분 나쁜 일이 있나 보다, 그래도 화는 낼 줄 아는 사람이네. 너무 천사 같아서 인간계 생물이 아닌 줄 알았는데 나랑 똑같은 보통 사람이었어.'

그러면서 당신을 좀 더 친근한 대상으로 생각하게 될 거예요. 단, 이 이야기는 순전히 에코이스트들만을 위한 것임을 기억하시기 바랍니다. 나르시시스트가 이 내용을 보고 맨날 별것도 아닌 것에 버럭버럭 화내는 자신의 모습을 합리화할 수도 있을 것 같아 좀 걱정이 됩니다만, 저는 이 이야기를 통해 죄 없는 에코이스트들이 제대로 숨을 쉬며 사는 게 더 중요하다고 생각해요. 그리고 지금껏 한 번도 제대로 화내본 적 없는 사람이 마음을 고쳐먹고 이제 적절히 화를 낼 줄 알게 되면, 놀라운 일을 경험하게 됩니다. 바로 스트레스가 풀리고 숨이 제대로 쉬어지는 경험을 하게 된다는 거예요.

프로이트는 인간을 '난로'에, 그리고 감정을 '연기'에 비유한 적이 있습니다. 난로는 연료를 태워 열을 내면서 동시에 연기를 뿜어내죠. 여러분이 부정적인 감정들을 제대로 표현하지 못하고 있는 것은 마치 난로의 연기가 새어나가지 못하게 모든 구멍을 꽉꽉 막고 있는 것과 같습니다. 연기는 내 안에 압축되고 또

압축되어 어마어마한 압력으로 존재하게 되고, 언제든 터져서나 자신을 망가뜨릴 수 있는 폭탄을 몸속에 지니고 사는 것과 마찬가지입니다. 적절한 양의 연기가 빠져나갈 수 있도록 알맞은 크기의 길을 스스로 자신의 내면에 만들어주시기 바랍니다.

프리드리히 니체는 이렇게 말했습니다. "괴물과 싸우는 사람은 그 싸움 속에서 스스로도 괴물이 되지 않도록 조심해야 한다." 그러나 샘 혼은 그의 책 《함부로 말하는 사람과 대화하는 법》을 통해, 우리가 괴물과 싸우면서도 분명히 괴물이 되지 않을 수 있다고 이야기합니다. 그가 말하는 '괴물과 싸우면서도 괴물이 되지 않는 법'은 다음과 같습니다.

"환상이 깨지는 순간에 우리가 선택할 길은 두 가지이다. 냉소적인 회의론자가 되거나, 세상의 이치를 깨달은 선한 인간이 되거나. (…) 결국 가장 현명한 태도는 회의론도 이상론도 아닌 '세상의 이치를 깨달은 선한 인간'으로 거듭나는 것이다. 세상의 이치를 깨달은 선한 인간이란 세상이 선한 인간들로만 이루어져 있지 않다는 사실을 알지만 그럼에도 인간의 선함을 믿는 존재이다."

우리는 그저 선하기만 한 사람이 아닌 '세상의 이치를 깨달은 선한 인간'이 되어야 합니다. 즉, 세상에는 분명히 나르시시스트들이 존재한다는 것을 알아야 한다는 거죠. 세상에는 선한 사람들만 있는 게 아니라 나르시시스트들도 있기 때문에, 때로는 온화한 태도에서 벗어나야 할 때가 있다는 걸 알아야 합니다. '때로는 분노하거나 단호히 거절하거나 혹은 위협해서라도 나쁜 짓을 막아야 할 때가 있다'는 것을 깨닫는 게 중요합니다. 그리하여 평소에는 선한 사람으로 열심히 살아가다가, 위험한 상황이 될 때에는 분명한 기준과 단호한 태도로 나 자신과 주변의 소중한 사람들을 지킬 줄 아는 그런 사람이 되는 거죠.

이렇게 살아가는 '세상의 이치를 깨달은 선한 인간'을 그 누가 괴물이라고 부를 수 있을까요? 저도 여러분도 부디 세상의 이치를 깨달은 선한 인간으로서 세상의 고통을 조금이라도 덜어주고 평화롭게 만드는 그런 삶을 살아가기를 소망합니다.

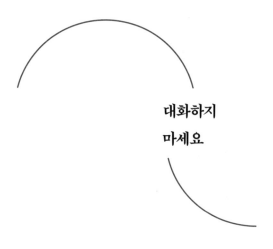

대화하지
마세요

　나르시시스트 앞에서 가장 피해야 할 말이 있습니다. 어떤 말일까요? 바로 "우리, 대화 좀 해"라는 말입니다. 나르시시스트를 겪어본 적 없는 분들은 아마 좀 의아하실 거예요. "아니, 대화하자는 말을 피해야 한다고? 이게 무슨 말도 안 되는 소리야?"라며 이해를 못 하실 수 있어요. 정서적으로 건강한 사람들은 도저히 이해할 수 없는 부분입니다. 건강한 사람들은 대화를 통해 많은 문제를 해결할 수 있죠. 대화로 서로 위로와 격려를 주고받아 힘을 얻기도 하고, 때로는 말 한마디에 상처가 치유되거나, 오해가 풀려 관계가 회복되는 걸 경험하기도 해요. 인간관계를 돈독히 쌓아나가기 위해 대화는 필수라고 할 수 있습니다. 정서적으로 건강한 사람은 이 대화의 가치를 절대 무시하지 않죠.

그런데 나르시시스트들은 대화의 가치를 인정하지 않습니다. 이들은 대화를 천하에 쓸모없는 짓이라고만 생각해요. 물론 사람들 앞에서 이미지를 관리해야 할 때는 대화를 굉장히 좋아하고 잘하는 사람인 척 가면을 쓰고 연기하기도 합니다. 그러나 피해자 앞에서는 늘 가면을 벗고 대화를 경멸하는 모습을 드러내죠. 살아오면서 가정이나 중요한 환경에서 감정을 표현하고 의견을 나눠봤자 문제가 더 악화된 경험밖에 없었기에 그렇게 하는 경우가 많습니다.

그들의 경험상, 대화란 문제를 만들고 악화시키는 행동에 불과해요. 따라서 우리가 나르시시스트들에게 대화를 시도하는 건 그들에게는 마치 싸움을 거는 것처럼 느껴지죠. 특히 만만한 사람과의 관계에서는 그들의 이러한 특징이 더 두드러집니다. 대화하자는 말 한마디 했을 뿐인데, 쓸데없는 소리하지 말라며 버럭 화부터 내는 경우도 있어요. 그들은 대화나 의논을 증오합니다. 한쪽이 명령을 내리면 한쪽은 복종하는 식의 관계를 선호할 뿐, 서로 다른 의견을 존중하며 함께 화합하려는 노력은 하지 않아요. 그리하여 참 안타깝게도, 우리가 나르시스트들과 대화하기를 원하고 그들의 생각을 듣고 싶어 하는 한 결코 그들과의 갈등에서 벗어날 수 없습니다.

그러므로 나르시시스트들과는 최대한 대화하지 않는 것이 좋습니다. 만일 대화를 꼭 해야만 하는 상황이 생긴다면 말은 최대한 짧게, 그저 피상적인 가벼운 대화만 하셔야 해요. 그래야 문제와 갈등을 최소화할 수 있습니다. 평소 많이 바쁜 척하는 게 도움이 될 것입니다. 너무 바빠서 볼 시간이 없고 얘기할 시간이 없다는 이미지를 만들어가는 거예요. 만일 내가 바쁘지도 않은데 바쁜 척하는 것이 양심에 찔린다면, 정말 바쁘게 사는 것도 한 가지 방법이 될 수 있겠죠.

나르시시스트와 대화한다면
반드시 기억해야 할 8가지

앞서 우리는 나르시시스트와의 관계를 끊을 수 없고 정기적으로 대화해야만 하는 상황이 분명히 있다는 것을 얘기한 바 있습니다. 그런 경우를 대비해 몇 가지 대처법을 기억해놓을 필요가 있어요. 나 자신을 지키면서 그들의 수작에 휘둘리지 않기 위해서 말입니다. 최근 들어 전 세계의 다양한 전문가들이 여러 책과 강연을 통해 이 부분을 다뤄왔는데요. 제가 그 자료들을 공부하며 정리한 내용을 알려드리려고 합니다.

첫 번째, 의견 일치는 애초에 포기하세요.

여러분이 나르시시스트에게 만만한 대상으로 취급당해왔다면, 대화에서 의견 일치는 절대 일어나지 않습니다. 여러분이 아무리 정확한 증거를 가지고 논리정연하게 설명을 잘해도 그들은 당신의 말에 수긍하지 않을 거예요. 어떤 말도 안 되는 이유를 들어서라도 당신의 말을 반박하고 또 반박할 것입니다. 그러니 그들을 이해시키려는 노력을 멈추세요. '내가 이렇게 말하니까 이해를 못 하는구나. 다른 방식으로 말하면 이해해주겠지. 아, 이것도 안 통하네. 그럼 어떻게 설명해야 알아들을까. 어떤 예를 들어야 마음에 와닿을까' 등등의 고민을 멈춰야 합니다.

그 어떤 현자가 와서 최고의 지혜를 설파해도 그들을 설득할 수는 없어요. 그들은 상대를 이해하고 싶어 하지도 않고, 이해할 필요를 느끼지도 않는 사람들이거든요. 상대를 극도로 무시하면서도 자신이 무슨 짓을 하고 있는지 모릅니다. 아무 문제도 느끼지 못하는 사람들이에요. 이해할 준비가 전혀 되어 있지 않은 사람을 이해시키는 것은 거의 불가능합니다. 사실 나르시시스트들이 이해력이 많이 딸리기도 하고요. 그들은 좋은 걸 판단하고 알아보는 능력이 없다는 것을 기억하시기 바랍니다. 돼지에게 진주를 던지지 말아야 하는 이유는, 돼지가 그 가치를 알아보지 못하기 때문입니다. 이와 마찬가지로, 나르시시스트들은 '교양 있고 인간적이며 지적인 대화'의 가치를 알아보지 못해요. 돼지들이 진주가 아닌 진흙탕을 훨씬 좋아하는 것에 대해 더 이상 관여하지 마시기 바랍니다.

대화를 통해 의견 일치가 일어나지 않는다면, 그럼 우리가 무엇을 바라고 대화를 해야 하나 의문을 가질 수 있어요. 의견 일치를 포기하는 대신 우리가 붙들어야 할 중요한 한 가지가 있습니다. 그것은 바로 나의 결단력을 유지하는 것입니다. 내 입장을 끝까지 고수하는 거예요. 여러분의 생각을 다른 사람이 이해하도록 강요하는 것은 여러분의 일이 아닙니다. 그저 나 자신의 의견을 고수하고 꿋꿋하게 존재하는 것이 이 대화에서 우리가 가장 신경 써야 할 일입니다. 그들을 설득하거나 여러분의 편으로 만들 필요가 없다는 거예요. 여러분이 자유롭게 결정하고 행동하는 것에 대해 그들의 허락을 구할 필요가 없습니다.

두 번째, 침착해야 합니다.

앞서 말씀드렸듯이 정말 중요하고 또 중요한 것은 바로 '감정 조절'입니다. 우리가 만일 감정을 다스리는 법을 배우지 않으면 다른 누군가가 우리의 감정을 다루며 즐거워하게 될 겁니다. 남들이 내 감정을 이리저리 제멋대로 갖고 놀고 있는데도 무슨 일이 일어나고 있는 건지 나는 전혀 파악조차 못 하게 된다는 거죠. 부정적 반응을 끌어내기 좋아하는 사람들은 당신을 자꾸만 자극하려고 할 거예요. 나르시시스트가 하는 터무니없는 말이나 행동 때문에 피해자가 화를 내거나 감정이 격앙되면, 나르시시스트는 이런 상황을 너무 좋아하죠. 그때부터 이 나르시시스트는 자기가 아닌 상대방에게 집중해 비난을 시작하게 됩니다. 기존에 다투고 있던 문제를 상대의 문제로 만들어 비난할 수 있게 되는 거예요. 여러분의 감정 표현은 그들에게 빌미가 잡히는 행동이 됩니다.

그러므로 반드시 침착해야 합니다. 여러분이 침착하게 안정을 유지하고 나르시시스트의 행동에 휘말려들지 않으면, 그들의 비정상적인 행동이 훨씬 더 선명하게 드러납니다. 우리가 감정 조절 능력을 갖게 되면 삶이 굉장히 또렷해지고 선과 악이 좀 더 분명하게 드러나는 경험을 하게 될 거예요. 저 사람이 지금 어떤 식으로 혼란을 만들어내려고 하는지, 어떤 식으로 조종을 시도하고 있는지 정확하게 볼 수 있게 됩니다. 나중에는 나르시시스트가 어떻게 반응할지를 예측할 수 있는 경지에까지 다다르게 되기도 해요. 더 이상 나르시시스트의 말과 행동에 따라 감정적으로 끌려다니지 않게 되는 겁니다.

세 번째, 그들을 절대 동정하지 마세요.

나르시시스트들은 피해자 코스프레에 굉장히 능숙합니다. 그렇기 때문에 상대방이 자기 뜻대로 움직이지 않으면 자신이 얼마나 힘들고 아픈 상황인지를 줄줄이 늘어놓으며 상대방의 동정심을 자극하는 경향이 있습니다. 상대방의 극심한 아픔은 손톱만큼도 신경 쓰지 않으면서 자신의 가벼운 상처는 크게 부풀리며 과도하게 앓는 소리를 해요. 따라서 그들이 하는 '힘들고 아프다'라는 말을 너무 심각하게 들을 필요가 없습니다. 그들 앞에서 '힘들고 아프다'는 말은 하지도 않고 듣지도 않아야 해요. 내가 힘들고 아픈 건 말해봤자 그들이 듣지 않을 거고, 그들이 힘들고 아프다는 말은 들어줘봤자 내가 휘둘리기 때문에 아예 그런 말은 하지도 듣지도 않는 것이 좋습니다. 그런 말은 나의 아픔을 정말 잘 이해해줄 좋은 사람들 앞에서만 하는 것이 좋습니다.

그러므로 나르시시스트가 '힘들다, 아프다'라는 식으로 얘기할 때 되도록이면 그 어떠한 반응도 하지 마세요. 너무 바빠서 신경이 다른 데 있다는 듯이 절대 쳐다보지 말고 다른 곳에 집중하셔야 합니다. 앞서 말씀드렸던 것처럼 계속 바쁜 모습을 보이는 것이 좋습니다. 나르시시스트가 자기 얘기를 안 들어준다며 불만을 터뜨리면 "알았어. 이제는 안 그럴게"라고 짧게 말하고 바로 또다시 하던 일에 집중하는 식으로 행동해야 합니다. 입은 얘기를 하면서도 눈은 자기 일에 집중하고 있어야 합니다. '너 같은 인간한테 쓸 시간 따위 없다'는 무언의 태도를 보이셔야 해요.

"아 맞다. ○○한테 연락해주기로 했는데"라며 그 자리를 빠져나가 다른 사람에게 전화를 하는 것도 한 가지 방법입니다. 나르시시스트들은 남들의 평판을 두려워하기 때문에 남들과 통화 중에는 대부분 건드리지 못합니다. 통화하면서 밖에 나가 긴 시간을 보내고 들어와서는, 아무 일도 기억 못 한다는 듯이 자신의 바쁜 일을 이어가야 합니다. 이때 지난 얘기는 꺼내지 마세요. 중요한 건 상대에게 집중하는 자세를 취하면 안 된다는 겁니다. 그들에게 시선을 집중하고 귀를 기울이는 것은 그들이 날뛸 '무대'를 만들어주는 것이나 마찬가지임을 기억하시기 바랍니다. 시간이 없고 바빠 죽을듯한 상황에 별것 아닌 얘기를 한다는 듯이 태연하게 말하고 빠르게 빠져나가야 해요.

네 번째, 그들의 말을 믿지 마세요.

나르시시스트는 말이 중요하지 않다고 생각하는 사람들입니다. 그렇기 때문에 말의 내용에 큰 의미를 부여하지 않아요. 따라서 거짓말을 밥 먹듯이 하면서도 잘못된 줄을 모르죠. 또한 남들도 자신과 크게 다르지 않다고 여기기 때문에, 다른 사람의 말을 믿는 건 어리석은 일이라고 생각합니다. 그들이 태연히 늘어놓는 변명에 고개를 끄덕이고 받아줄수록 여러분을 지능이 낮은 사람으로 취급할 거예요. 무슨 말을 하느냐보다도 어떤 행동을 하는가로 판단하시기 바랍니다.

'그렇구나, 그랬어?, 아아, 정말? 어떡해' 등등 상대방 말에 맞장구치는 이런 추임새는 그들 앞에서 쓰지 마세요. 그들의 말이 맞을 가능성을 생각하지 말고 틀릴 가능성만 생각하시면 됩니다. 반박하고 또 반박하셔야 해요. 아무 감정 없이 단호하게 말이죠. 차분하게 그들이 하는 이야기 속에 들어 있는 모순을 지적하는 것이 중요합니다. 화내지 않고 여유 있고 단호한 말투로 말하는 것이 중요한데, 변호사라기보다는 검사가 되셔야 합니다. 계속 의심하고 증거를 요구하세요. 그들이 하는 말에 휘둘리지 말고 카리스마 있게 할 말을 하고 반응에 신경 쓰지 마세요. 대화는 늘 짧게 끝내시고 할 말이 끝나면 다른 얘기로 주제를 돌리든지 빨리 자리를 피하세요.

나르시시스트들은 있었던 일을 바꾸고 진실을 왜곡하고 거짓을 말합니다. 그들이 아무리 거짓말을 끝없이 하더라도 그 모습에 충격을 받거나 실망하거나 원망할 필요가 없어요. 그게 원래 그들의 모습이거든요. 거짓말을 하면서도 자신감과 여유가 흘러넘치죠. 죄책감이나 죄의식 같은 건 찾아볼 수 없습니다. 그저 무슨 말을 해서든, 사실이든 거짓이든 상관없이 이기는 것에만 혈안이 되어 있어요. 지적 토론이 아니라 그저 개싸움 벌이기만 좋아하는 사람들입니다. 앞으로도 웬만해서는 바뀌지 않을 그들의 본모습을 그냥 인정하시기 바랍니다.

또한 되도록이면 증거물을 남기는 것이 좋습니다. "방금 한 얘기, 내가 적어놨다가 사람들한테 말해줘야겠다"라고 하면서 있었던 일을 종이에 적어놓으세요. 날짜와 시간과 어떤 상황에서 이런 말이 나왔는지 상세하게 적어놓는 일기장 같은 노트가 하나쯤 있는 것이 좋습니다. 자신이 한 말을 자꾸 뒤집어엎는 나르시시스트들에게는 늘 증거물이 필요하죠. "내가 이럴 줄 알고 적어놨지" 하면서 증거를 보여주세요. 그리고 필요할 때 펼쳐서 읊어주고 사람들에게 증거물로 보여주시기 바랍니다. 사람들의 평가를 두려워하는 나르시시스트의 심리를 이용하는 방법이라고 볼 수 있어요.

다섯 번째, 내 의견을 말할 때는 다른 사람들의 의견인 양 얘기하세요.

"당신 그러는 거 사람들이 알면 속 좁다고 할 수도 있어"라고 하는 겁니다. '사람들'이 어떻게 말할지를 얘기하는 거예요.

불특정 다수로부터 받는 평판을 두려워하는 마음을 이용하는 거죠. "아니, 이것도 모르면 요새 사람들한테 무시당하는데, 아직도 모르냐, 에휴, 가르쳐줄 사람이 나밖에 없지. 어디 가서 무식하단 소리 안 듣게 내가 잘 가르쳐줄게"라고 하면서 지식을 가르쳐주는 것이 효과가 클 때가 많습니다. "어디서 그런 소릴 들었냐, 누가 그런 소릴 하냐"고 물으면, 해맑은 표정으로 "당신 빼고 다 알아"라고 말하세요. 그런 식으로 어떻게든 계속 무안함을 느끼게 만들어야 합니다. 이들은 편안하게 말하면 전혀 듣지 않는 사람들이에요. 상대가 위험하지 않은 무해한 사람이라는 판단이 들수록 더 만만하게 여깁니다. 말에 어느 정도 가시가 들어 있어야만 그 말에 귀를 기울이고 듣죠.

또한 만일 여러분의 말을 듣고 나르시시스트가 "네 친구들이 다 거짓말하는 거다, 다들 그런 척하는 거다"라고 말하면 "그건 당신 얘기겠지. 자기가 거짓말하고 그런 척하니까 남들도 그러는 줄 아나보네"라고 받아치세요. 그리고 혹시 그래도 비난하려 들면 "그럼 직접 친구들에게 거짓말인지 아닌지 물어볼게"라고 하면서 그 자리에서 전화 거는 시늉을 하는 것도 괜찮습니다. 진짜 전화를 걸어서 딴 얘기를 하다가 끊으셔도 돼요. 그러고는 "당신 욕먹을까 봐 그 말은 내가 안 꺼냈어. 다음에 또 그러면 진짜로 물어본다"라고 얘기하는 거죠.

여섯 번째, 계속 비교하며 가르치세요.

나르시시스트가 옳지 않은 행동을 계속 반복하여 나를 괴롭히고 있다면 그 행동을 멈추게 할 필요가 있습니다. 우리가 그들의 성향을 완전히 변화시킬 수는 없지만, 몇 가지 잘못된 행동을 못 하게 막을 수는 있어요. 다만 기억해야 할 것은, 상식적인 방식으로는 그들을 막을 수 없다는 것입니다. 성숙한 사람들에게 말하듯 설명하고 설득하는 방법으로는 그들의 행동을 바꿀 수 없습니다.

나르시시스트들에게는 반드시 대안을 알려주면서 비교하는 방법을 써야 합니다. 이분법으로 나눠서 이해를 시켜야 한다는 거예요. 눈높이를 낮춰 어린아이에게 하듯이 유치한 방법을 써서 그들 수준에 맞게 대해야 합니다. 상대가 무엇을 모르고 있는지를 지적하고, 이에 대해 옳은 예시를 들어 비교하며 가르쳐주세요. 예를 들어, "성숙한 사람들은 문제가 일어나면 같이 대화하면서 원인을 분석하고 함께 문제를 해결하려고 애쓴다던데, 그런 거 안 배웠어? 책에서 읽어본 적 없어? 문제해결력이 뭔지는 알아?"라고 하는 거죠.

그들은 비교 대상이 없으면 개념을 잘 이해하지 못합니다. 늘 비교하면서 가르쳐야 해요. 우리는 누군가를 비교하는 것이 옳지 않다고 생각하고 되도록이면 비교하지 않으려 노력하지만, 나르시시스트 앞에서만큼은 비교하며 가르쳐야 합니다. 성숙한 사람이라면 어떻게 행동했을 것인지, 반대로 미성숙한 사람들은 어떻게 행동하는지 등으로 나누어서 비교하고 대비하는 방식으로 설명해야 그들이 그나마 아주 조금이라도 이해할 거예요. 그들은 모든 것을 흑백논리의 프레임 안에서만 인식할 수 있습니다. 그런데 사실 어떨 때는 이렇게 이분법으로 나눠서 설명하더라도 한 번으로 안 되고 똑같은 말을 세 번, 네 번 반복해서 말해야 할 때도 있어요. 그들의 수준이 그 정도입니다.

그러니 이제 그들의 수준이 어떤지 파악하셨다면, 그들의 궤변과 장황한 변명을 끝까지 다 들으려고 하지 마시기 바랍니다. 옳고 그름을 제대로 파악조차 못 한 채 자기 말만 맞다고 우기는 말에 너무 큰 의미를 두지 마세요. 그들이 말하는 중간에 끊고 끼어드는 것도 괜찮습니다. 그들이 어떤 거짓말을 해서라도 무조건 이기려고만 든다면 그런 말은 끝까지 들을 필요가 없어요. 상대가 말이 끝났든 안 끝났든, 내 말을 듣든 안 듣든 상관없이 단호한 말투로 시작해 문장 끝까지 똑 부러지게 말하세요. "와, 이런 거 모르면 요새 무시당하는데. 내가 너 무시 안 당하게 가르쳐줄게"라고 말하면서 매번 가르쳐주시기 바랍니다.

특히 그들에게는 삶의 지혜나 태도, 눈에 보이지 않는 가치관 같은 것들을 많이 가르쳐야 합니다. '내가 뭐라고 다른 사람을 가르치나, 나 자신도 완벽하지 않은데 누가 누굴 가르쳐?'라는 마음은 버리세요. 에코이스트들은 누군가를 가르칠 자격이 충분합니다. 나르시시스트들은 남을 가르치기만 좋아할 뿐 스스로는 실천하지 않는 사람들이지만 에코이스트들은 그렇지 않죠. 배운 것을 삶 속에서 실천하려 애쓰는 사람들이 세상에 존재한다는 것을 나르시시스트들에게 분명하게 보여주시기 바랍니다.

일곱 번째, 그들을 변화시키려는 생각은 버리세요.

나르시시스트가 원래 그런 존재임을 담담히 받아들이는 것 또한 우리가 반드시 해야 할 일입니다. 우리가 아무리 간곡히 요청하고 설득하려 해도 그들은 그런 방식으로는 바뀌지 않습니다. 나르시시스트를 진짜 변화시키고 싶다면, 여러분이 그 나르시시스트에게서 완전히 관심이 없어져야 합니다. 그 사람이 변화를 하든 말든 아무 관심이 없는 경지에 이르러야 해요. 그들이 무슨 짓을 해도 영향받지 않는 모습을 보일 때 나르시시스트는 긴장하기 시작합니다. 그때서야 조금씩이라도 여러분의 눈치를 보며 서서히 스스로를 돌아보게 될 거예요.

많은 전문가들이 지적하듯이, 그 어떤 사람도 자기 스스로 달라지기를 원하지 않는 한 변화시킬 방법은 없습니다. 변화하고픈 마음이 전혀 없는 사람을 바꾸려 들지 마시고, 좀 무정하게 느껴지더라도 '그렇게 살다 죽게 그냥 내버려두겠다'고 결심하세요. 사람은 자기 행위의 열매를 먹고살 수밖에 없습니다. 우리는 우리가 할 수 있는 것들에 집중하면 됩니다. 우리가 할 수 있는 선택과 노력을 통해 '그 사람'이 아니라 '그 사람과의 관계'를 변화시켜 나가는 것이죠. 학대를 받아들여야 한다는 말도 아니고, 그 사람의 행동을 용인하라는 것도 아닙니다. 나는 그저 그 사람과 다른 존재로서, 다른 생각을 가진 사람으로서 나 자신을 발전시키는 데 에너지를 써야 합니다. 그 사람이 바뀌든 바뀌지 않든 전혀 신경 쓰지 않는 것이 오히려 그 사람으로 하여금 여러분을 두려워하게 만듭니다. 이 행동이 그 사람에게 달라지고 싶은 욕구를 아주 조금이라도 생기도록 만들어준다는 것을 기억하시기 바랍니다.

한 가지 조심해야 할 것이 있습니다. 여러분의 태도가 단호해지고 명료해지기 시작하면서 나르시시스트의 태도가 변할 수 있는데, 그 사람이 달라진 것처럼 보인다고 해서 긴장의 끈을 놓으면 안 됩니다. 또다시 돌변해서 여러분을 힘들게 만드는 순간은 언제 어디서든 찾아올 수 있어요. 이것을 절대 잊으면 안 됩니다. 나르시시스트가 완전히 달라졌다고 생각하고 긴장을 풀었는데 또다시 고통의 시간이 들이닥치면, 그땐 평소보다 더 많이 상처받게 될 수 있거든요. 그 사람이 잠깐 기분 좋게 행동하더라도 언제든지 다시 되돌아간다는 사실을 기억하셔야 해요. 나르시시스트들은 자신의 이익을 위해 주변 사람에게 잘 대해줄 때가 있기에 이 '달라진 척하는 기간'에 속아서는 안 됩니다. 그들이 어떤 반응을 하고 우리를 어떻게 대우하든 상관없이 우리는 우리의 방식대로 나 자신의 길을 나아가는 게 중요합니다.

여덟 번째, 나 자신의 인생을 살아야 합니다.

나르시시스트가 나에게 한 악한 행동들을 사람들에게 알리고 싶고, 되갚아주고 싶고, 속이 후련해질 방법으로 문제를 풀고 싶은 욕구가 있으실 거예요. 그렇지만, 거기에 관심을 가지면 가질수록 우리의 인생은 그 나르시시스트로부터 너무 많은 영향을 받게 됩니다. 나르시시스트를 생각하느라 세상의 다른 많은 좋은 것들을 등한시하게 될 수 있어요. 그러므로 그들을 향한 관심을 되도록이면 완전히 꺼버리셔야 합니다. 또한 아이러니하게도 그들이 어떻게 살든 전혀 상관하지 않는 것이 그들에게 큰 영향을 줄 수 있는 가장 효과적인 길입니다. 그 사람이 어떤 인생을 사는지, 그가 얼마나 문제가 많고 악한 사람인지에 대해 전혀 신경 쓰지 마세요. 그들이 그렇게 살다 죽어도 여러분에게 아무 책임이 없습니다. 여러분은 충분히 할 만큼 했어요. 타인의 인격을 바꾸는 것은 우리의 책임이 아닙니다. 우리는 우리 자신의 인격만 책임지면 그걸로 충분해요. 그들이 어떻게 살고 무슨 말과 행동을 하는지에 대해 최대한 관심을 꺼야 합니다.

나르시시스트가 다른 사람들 앞에서 나에 대해 어떤 이야기를 할지, 나를 어떻게 깎아내릴지에 대해서도 신경을 끄시기 바랍니다. 이상한 말들을 늘어놓으며 여러분을 억울하게 만들겠지만, 인생을 길게 보세요. '나는 그런 걸로 이미지가 좌지우지되지 않는 위대한 인생을 살게 될 거야'라고 믿으셔야 합니다. 남들이 무슨 소릴 하든 여러분이 하고 싶은 것에, 여러분 자신의 삶에 집중하세요. 시간 가는 줄 모르고 몰입할 만한 대상을 찾되 사람이 아닌 것에 집중할 수 있어야 합니다. 너무 재미있어서 다른 사람들의 말소리가 귀에 들리지 않을 정도로 빠져드는 일을 찾아서 무아지경을 경험하며 사는 것이 큰 도움이 됩니다.

이뿐만 아니라, 되도록이면 영향력 있는 사람이 되겠다고 다짐하셨으면 좋겠어요. 나르시시스트에게 휘둘리지 않기 위해 꼭 영향력이 있어야 하는 건 아니지만, 여러분의 영향력이 커질수록 나르시시스트들이 더 무서워하고 존중하게 되는 건 사실입니다. 나르시시스트가 나에게 아무리 쓸데없는 소리를 하고, 나에 대해 아무리 험담하고 평판을 깎아내리더라도, 나의 능력과 진실성을 알아주는 사람들이 내 주변을 가득 메우고 있으면, 사실 나르시시스트가 무슨 소리를 하든 신경을 덜 쓰게 됩니다. 내가 더 큰 영향력을 가지고 더 많은 사람들이 나를 인정할수록 나르시시스트가 내 앞에서 점점 더 힘이 빠지고 긴장하는 모습을 보게 될 거예요.

그들로부터 정서적으로 물리적으로 경제적으로 완전히 독립하고 그들로부터 받는 영향을 최소화하면서 여러분 자신만의 주도적인 삶을 살아내시기 바랍니다. 그리하여 결국 주변 사람들에게 좋은 영향을 끼치는 사람이 되셨으면 좋겠어요. 우리가 영향력 있는 사람이 되어야 할 한 가지 유일한 이유가 있다면, 세상의 수많은 거짓말쟁이 나르시시스트들이 활개를 치지 못하도록 만들기 위해서가 아닐까요? 옳고 선하고 진실한 것을 좋아하는 에코이스트들이 영향력 있는 자리를 다 차지하여 더 이상 나르시시스트들이 올라갈 자리가 없어졌으면 좋겠습니다. 여러분의 강력한 영향력이 세상을 더 선하게 만들 수 있다는 것을 기억하시기 바랍니다.

긴말 필요 없고
이 말만 하세요

저는 지금부터 여러분에게 아주 중요한 말 한마디를 알려 드리려고 합니다. 사실 알고 보면 아주 단순한 한마디에 불과하지만, 이 말을 잘만 사용하면 나르시시스트를 영원히 입 닥치게 만들 수도 있습니다. 그 정도로 아주 강력한 한마디라고 할 수 있어요. 그런데 이 말 한마디가 얼마나 큰 힘을 갖고 있는지 아는 사람은 별로 없습니다. 특히 나르시시스트들에게 이 한마디가 얼마나 굉장한 영향을 미치는지 사람들이 잘 모르고 있어요. 따라서 이 말을 평소에 잘 연습했다가 나르시시스트 앞에서 적재적소에 잘 사용할 필요가 있습니다.

사실 에코이스트들은 평소 이 말을 입에 담기 힘들어해요. 다른 사람들의 생각과 감정을 늘 인정하고 존중하고 싶어 하기 때문이죠. 그러나 이 말에 담긴 의미가 무엇이며, 이 말을 언제 어떻게 왜 해야 하는지 구체적으로 알게 되면 앞으로 현명하게 나르시시스트들을 대할 수 있게 되실 겁니다.

No라는
강력한 한마디

토크쇼의 여왕인 오프라 윈프리는 사람들의 말을 거절하는 것을 늘 어려워했었다고 합니다. 자신이 다른 사람의 말을 거절하면 그들이 자신을 거부할까 봐 항상 두려웠다고 해요. 그녀는 종교 작가인 닐 도날드 월쉬의 말에서 용기를 얻었다고 합니다.

"다른 사람들이 여러분에 대해 어떻게 생각하는지를 걱정하는 한 여러분은 그들에게 소유된 셈이다. 외부의 승인을 필요로 하지 않을 때 비로소 여러분은 스스로의 주인이 될 수 있다."

즉, 다른 사람의 말을 제대로 거절하지 않고 시키는 대로 다 따라주는 건 사실 내가 그 사람의 소유물이 되는 거나 마찬

가지라는 것이죠. 그 사람이 원하는 대로 움직이는 일종의 기계 같은 이용 도구의 역할을 떠맡게 되는 거예요. 먼 옛날 왕이나 귀족들이 지배하던 시대에는 타인의 뜻대로만 움직이는 사람들을 '종'이라고 불렀습니다. 종들은 그저 윗사람이 지시하는 대로 움직였고 거절할 권리가 전혀 없었어요. 우리가 누군가의 말을 전혀 거절하지 못하면, 나도 모르는 사이 내가 종이 되고 그 사람을 주인처럼 섬기는 모양새가 돼버립니다. 따라서 누군가의 소유물로 기능하지 않기 위해, 우리는 필요에 따라 제대로 거절할 수 있어야 한다는 거예요. 특히 다른 사람을 자신의 소유물, 이용 도구로 삼기 좋아하는 나르시시스트들 앞에서는 더더욱 제대로 거절할 필요가 있겠죠.

여러분이 나르시시스트 앞에서 'No'를 말하는 것은 다음과 같은 의미를 갖습니다.

'나는 경계가 있다. 나는 만만하고 쉬운 사람이 아니다. 당신의 표적이 아니다. 나는 당신의 이용 대상이 아니다.'

따라서 이 No라는 말을 나르시시스트들이 잘 알아차리도록 제대로 할 수 있게 되면, 나르시시스트는 더 이상 여러분을 자신의 먹잇감으로 보지 않게 됩니다. 여러분이 자신의 자기애를 충족시킬 좋은 나르시시스틱 서플라이narcissistic supply(나르시시스트의 욕구를 채워줄 먹잇감)가 아님을 그들이 알게 되는 거죠. 그러므로 제가 여러분에게 가르쳐드릴 나르시시스트의 입을 영원히 닥치게 만들 강력한 한마디는 바로 'No'입니다. 그런데 이 No를 어떻게 말하느냐가 굉장히 중요해요. 어떻게 표현하느냐에 따라 나르시시스트는 여러분의 No를 Yes로 받아들일 수도 있고 No로 받아들일 수도 있습니다. 나르시시스트가 잘 알아먹게끔 No를 말하는 방식은 따로 있다는 거죠. 지금부터 나르시시스트 앞에서 어떻게 No를 말해야 하는지 설명해드리겠습니다.

나르시시스트가
본능적으로 원하는 것

나르시시스트들은 정신적으로 제대로 성숙하지 못한 '정서적 어린아이'라고 볼 수 있습니다. 모든 아이들은 만 1~2세 때 자신이 아주 대단한 존재인 듯한 감정을 경험하는데, 이를 '자기중심적 단계'라고 해요. 어린아이들의 정서 발달에 없어서는 안 되는 중요한 단계죠. 점점 세월이 흘러가면서 아이는 이 자기중심적 단계에서 벗어나 타인의 입장을 헤아릴 수 있는 성숙한 사람으로 발전해나가게 됩니다. 그런데 《나르시시즘의 심리학》의 저자 샌디 호치키스는 "나르시시스트들은 정신적으로 자기중심적 단계에서 벗어나지 못한 '발육 정지 상태'에 있다"라고 말합니다. 즉, 이 나르시시스트들은 알고 보면 '성인이 되어서도 정신연령이 어린아이 수준에 머무른 존재들'이라는 것입니다. 정서적으로 성장하지 못해 아직까지도 어린아이처럼 자기가 제일인 줄 아는 망상병 환자들이라는 거예요.

또한 어린아이들은 문제가 생기면 스스로 해결하지 못하고 울고 떼를 쓰며 엄마를 부르죠. 자신이 배고플 때, 아플 때, 더울 때, 추울 때, 불편할 때마다 엄마를 통해 자기 문제를 해결합니다. 이와 똑같이 나르시시스트들은 자신의 문제를 해결할 책임이 스스로에게 있다고 생각하지 않아요. 자신이 아닌 외부의 존재에게 책임이 있다고 생각합니다. 이들은 자기 자신을 만족시키고 스스로의 욕구를 채우기 위해 남을 움직여야 한다고 생각하죠. 그리하여 남들을 자기 뜻대로 움직이기 위해서라면 무슨 짓이든 합니다. 남들이 자기 뜻대로 움직이는 만큼 자신의 문제가 해결되고 만족도가 높아지니까요. 이런 그들이 여러분에게 원하는 것은 무엇일까요? 어떻게든 여러분을 자기 뜻대로 움직이고 싶어 할 거예요.

그리고 우리가 더더욱 이해하기 힘든 건 그들은 상대방을 도발하고 움직이고 흔들고 폭발하게 만들고 싶어 한다는 것입니다. 그들은 여러분이 이성을 잃고 감정을 분출시키길 원해요. 여러분의 감정이 변화되고 흔들리는 것을 볼 때마다 자신이 조종하는 대로 상대가 움직이고 있다는 것에 만족합니다. 여러분의 반응이 크면 클수록 그들은 더더욱 흡족해하죠. 여러분을 향한 자신의 지배력이 얼마나 강력한지에 대해 스스로 도취돼버려요.

따라서 그들과의 관계에서는 여러분이 아무리 온화하고 평화적인 방식을 견지하더라도 결국 갈등에 도달하게 됩니다. 여러분이 아무리 옳은 이야기를 해도 그들과의 대화는 점점 혼란으로 치닫고, 여러분이 아무리 현명한 말로 그들을 설득해봤자 그들은 여러분의 말을 무시하고 곡해하고 왜곡합니다. 결국에는 여러분을 지적하고 비난하는 말들만 쏟아내죠. 나르시시스트가 자신은 거짓말만 늘어놓으면서 상대방을 거짓말쟁이, 피해망상, 정신병자로 몰아가는 통에 여러분은 점점 감정이 폭발합니다. 그러나 말씀드렸다시피 격한 반응, 감정 분출, 상처, 좌절을 표현하는 것은 나르시시스트를 더 만족하게 하고 상황을 악화시키기만 할 뿐이라는 거예요.

절대 미안한 표정을
짓지 마세요

그러므로 우리가 나르시시스트 앞에서 No를 말할 때도 전혀 감정에 흔들림이 없어야 합니다. 물론 타인에게 No를 외치는 것은 에코이스트뿐 아니라 다른 모든 사람들에게도 쉬운일이 아닙니다. 대부분의 사람들에게는 잘 동의하고 잘 화합해서 한마음 한뜻을 이룰 때 만사가 잘 해결될 거라는 믿음이강하기 때문이죠. 에코이스트들은 화합의 가치를 남들보다 더크게 생각하기 때문에 특히 더더욱 No를 말할 때 미안한 표정을 짓기 쉽습니다. 때로는 웃으면서, 상대의 감정을 살피면서 거절하게 되는데, 이런 식의 No는 나르시시스트에게 전혀 먹히지않습니다.

특히 나르시시스트들은 상대의 감정을 살피는 걸 눈치 보는 것이라 판단하기 때문에 여러분이 감정을 살피며 배려하면할수록 더더욱 무시하고 조롱할 거예요. 그러므로 나르시시스트 앞에서 No를 말할 때는 절대 미안한 표정을 지으면 안 됩니다. 웃어서도 안 되고 감정을 살펴도 안 돼요. 거듭 이야기하지만, 아무런 감정 없이 마치 비지니스 거래하듯이 무표정하게, 단호하게, 짧고 간결하게 말해야 합니다. 너한테 소비할 감정 따윈

없다는 표정, 너 따위한테 신경 쓸 시간이 없다는 마인드로 No
를 말해야 합니다. 다음과 같이 말하면 됩니다.

"안 돼."

"안 됩니다."

"지금은 안 돼."

"죄송하지만 안 됩니다."

"안 되는 건 안 되는 거예요."

No는 완벽한 한 문장이라는 걸 기억하시기 바랍니다. 더
보탤 필요가 없어요. 안 된다고 말한 후에 더 이상 다른 설명이
필요 없습니다. 반드시 기억하세요. 'No는 하나의 완전한 문장'
입니다. 물론 이후에 뒤따라오는 침묵이 굉장히 불편하게 느껴
지실 수 있어요. 그러나 그 침묵이 아무리 불편하고 부자연스럽
게 느껴지더라도 견뎌야 합니다. 불편하더라도 참아야 돼요. 사
실 이때의 침묵은 아주 강력한 영향력이 있습니다. 이 침묵은
여러분이 생각하는 것보다 훨씬 더 그들을 불편하게 만들어요.
그리고 여러분이 자신의 자기애를 충족시킬 좋은 나르시시스
틱 서플라이가 아님을 그들이 알아차리는 데는 시간이 길게 들
지 않습니다.

우리가 개를 훈련시킬 때 왜 앉아야 되는지 왜 달려야 하고 왜 서야 하는지를 일일이 설명하지 않죠. 앉으라면 앉고 달리라고 하면 달리고 서라고 하면 서도록 개들을 훈련시킵니다. 나르시시스트들은 이런 식의 관계에 익숙한 사람들이에요. 결혼하자마자 기선 제압하겠답시고 '앉아! 일어서!' 자기 배우자를 똥개 훈련시키는 사람들의 이야기를 혹시 들어보셨나요? 나르시시스트들은 상대를 길들이겠답시고 이런 방식을 사용합니다. 자신이 그런 식으로 길들여지는 사람이니까 상대도 똑같이 취급하는 거죠. 상대방이 자신을 아래로 보고 무시할까 봐 겁을 먹어서 하는 행동이기도 합니다. 상대가 자기보다 뭔가 가치 있게 느껴지기 때문에 자기 스스로를 방어하는 방식인 거죠. 네가 공격하기 전에 내가 먼저 제압하겠다는 마인드. 이들이 자신의 타깃을 대하는 방식은 사람이 개를 훈련시킬 때의 모습과 아주 비슷합니다. '너의 생각, 의견, 감정 다 필요 없고, 내가 시키는 대로만 해!'라는 식이에요.

이런 나르시시스트들과는 수평적인 관계를 맺어보려고 아무리 노력해도 소용없습니다. 그저 No라는 말을 적절히 활용함으로써 '네가 생각하는 것만큼 내가 그렇게 만만한 사람은 아니다. 나도 어디가면 남들 쥐고 흔드는 권력자, 강한 사람이다'라는 것을 보여주고 최소한 그들이 내 위에 올라가 나를 짓밟지 않도록 만들어야 하는 거예요.

따라서 아주 짧고 간결하고 단순하게 거절하셔야 합니다. 침묵의 시간 동안 숨을 깊이 들이쉬고 나 자신의 몸에 주의를 기울이세요. 차갑고 초연하며 감정이 없는 상태를 유지해야 합니다. 마치 나르시시스트들처럼 말이에요. No를 말하고 침묵이 너무 힘들다면 바쁜 척 다른 곳으로 도망을 가든지 아니면 다른 것에 집중하는 것도 방법이 될 수 있습니다. 이런 식의 전략은 위선이 아닙니다. 생존을 위한 수단일 뿐이에요. 세상에 나르시시스트가 없다면 이런 전략들이 필요 없겠죠. 그러나 우리의 현실은 그렇게 이상적이지가 않습니다.

나르시시스트를 대할 때는 너무 논리적으로 생각하지 마시기 바랍니다. 어떻게 하면 이 사람을 설득하고 문제를 해결하고 일을 성사시킬 수 있을까를 생각하시면 안 됩니다. 우리가 이성적이고 합리적인 어른을 대하고 있는 게 아니기 때문이에요. 우리는 지금 정서발달이 멈춰버린, 자기가 제일인 줄 아는 망상병 환자, 유치한 사기꾼을 대하고 있습니다. 여러분을 상처 주고 고통스럽게 하기 위해, 싸움에서 이기기 위해 그들은 무슨 짓이든 할 준비가 되어 있죠. 여러분의 생각과 남들의 생각까지 다 조종해서 어떻게든 자기 뜻대로 하고 이기려 들 겁니다. 그들은 우리와 같은 감정 시스템을 갖고 있지 않다는 걸 기억하시기 바랍니다. 절대 우리와 같은 방식으로 반응하지 않습니다.

설사 그들이 잠깐 여러분이 원하는 반응을 했다 하더라도 그것은 여러분을 더 잘 이용하기 위한 전략에 불과해요. 여러분이 감정적으로 얼마나 힘든지를 아무리 호소해도 그들은 전혀 놀라거나 당황하지 않습니다. '이 사람이 얼마나 힘들면 이렇게까지 할까'라고 생각하지 않아요. 자신을 움직이고 조종하려는 수작으로만 받아들일 뿐이죠. 여러분의 모든 감정 표현을 그저 거짓이라고만 생각해요. 배우처럼 연기하는 걸로 받아들입니다. 상대의 감정을 허풍 취급하는 사람에게 무슨 말을 한들 대화가 되겠습니까.

따라서 여러분은 내면에 가지고 있는 모든 사랑과 공감 능력을 다 버리고 그들을 대해야 합니다. 내가 조금만 더 이해하면, 조금만 더 참으면, 조금만 더 그들이 원하는 대로 따라주면 언젠가 상황이 나아질 거라는 생각은 집어치우세요. 대신 이 책을 반복해서 읽으며 그들 앞에서 어떤 표정으로 어떤 말을 하며 어떤 행동을 해야 할지 계속해서 배우고 훈련해나가시기 바랍니다.

중국의 상담 심리 전문가인 무옌거는《착하게, 그러나 단호하게》라는 책에서 이렇게 말합니다.

"타인을 과도하게 허용하는 것은 자신에 대한 학대다. 온화하고 선량한 것도 좋지만, 필요하다면 자신을 위해 싸울 수 있는 무기인 까칠함도 갖춰야 한다. 기억하자. 강해야 할 때는 강하게, 부드러워야 할 때는 부드럽게 변할 줄 아는 사람만이 인간관계에서 자신을 지킬 수 있다."

강해야 할 때는 강하게, 부드러워야 할 때는 부드럽게, 내가 만나는 사람이 어떤 사람인가를 잘 관찰한 후 상황에 맞게 융통성 있게 반응함으로써 부디 스스로의 인생을 지혜롭게 보호하고 지켜나가시기를 바랍니다.

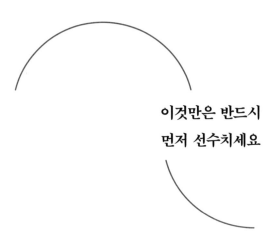

이것만은 반드시
먼저 선수치세요

2천 년 전 중국의 전략가 손자는 탈출 경로가 없는 지형 즉, '사지'에 몰려서 퇴각할 길이 없을 때 군대가 평소보다 두 배, 세 배의 기세로 싸우게 된다는 것을 발견합니다. 그렇게 앞에는 적군을 두고 뒤에는 물을 등지고 진을 치는 '배수진'이라는 전략을 생각해내죠. 앞에는 적이 있고 뒤에는 강이 있으니 목숨 걸고 싸울 수밖에 없는 상황이 되고, 이를 악물고 싸우는 만큼 승률이 드라마틱하게 높아지는 효과를 노리는 것입니다.

'배수진'을 친다는 것은 제가 앞서 말씀드렸던 도스토예프스키의 이야기와도 통하는 면이 있습니다. 카지노에서 재산을 탕진함으로써 자신을 일부러 위기 속으로 몰아넣고 그 절박함을 이용해 무서운 집중력을 발휘했으며 이것이 왕성한 창작 활동으로 이어졌다는 이야기 말이에요. 어떤 사람들은 이것을 카지노에서 재산 탕진한 걸 합리화하는 것 같다고 말하기도 합니다. 과연 그럴까요? 만일 재산을 탕진하고는 아무것도 안 하며 놀기만 했다면 합리화가 맞겠지만, 위대한 창작물이라는 결과가 나왔다면 그것은 절대 합리화라고 볼 수 없습니다. 자기의 탐욕을 채우기 위해 재산을 소비하는 것과 생명성을 가득 담은 왕성한 창작 활동을 이루기 위해 재산을 이용하는 것은 완전히 다릅니다.

또한 '배수진'은 경제학자 조지프 슘페터가 말한 '창조적 파괴creative destruction'와도 비슷한 면이 있습니다. 창조적 파괴란 '새로운 가치를 만들어내기 위해 기존의 것을 파괴하는 일련의 과정 내지는 활동'을 의미해요. 이 과정에서 기업가는 자신의 성공 여부가 불확실한 상황에 망할 수도 있다는 큰 위험 부담을 안고서 아무도 시도해본 적 없는 새로운 기술이나 제품, 시장 등을 개척해나갑니다. 성공하지 않으면 망할 수밖에 없는 위험한 상황으로 자신을 몰아가는 것이죠. 기존의 제품이나 생산방식, 시장, 시스템 등을 파괴하고는 위험 부담을 떠안고서 새롭고 효율적이며 획기적인 것을 추구해나갈 때 새로운 가치가 창조되는데, 슘페터는 이 과정이 결국 부를 창출하는 원천이라고 말해요. 그는 창조적 파괴가 기업가들의 이윤을 남기고자 하는 동기에서 비롯된 것이라 하더라도, 결국 경제를 발전시키고 인류 생활의 질을 향상하며 더 나아가 자본주의 사회를 거듭 진화하게 만드는 원동력이 된다고 설명합니다.

위험을
다스리는 삶

그런데 이 '배수진'이라는 전략에는 중독성이 있다는 것을 혹시 알고 계시나요? 로버트 그린은 《전쟁의 기술》에서 "사지에서 살아남는 것은 일종의 중독이 된다"라고 말합니다. 그 경험을 해본 사람은 이후로는 위험 없는 삶을 견디기 힘들어진다고 해요. 그래서 도스토예프스키처럼 다시 한번 자기 자신을 절박한 위기로 몰아넣는 행동을 하게 된다는 것이죠. 로버트 그린은 우리에게 아주 중요한 한 가지 조언을 해주는데요. 삶 속에서 일부러 우리 자신을 사지로 밀어 넣음으로써 '위험' 자체를 부단히 연습 대상으로 삼아야 한다는 것입니다. 남들이 우리를 사지로 밀어 넣기 전에, 일부러 자발적으로 적당히 위험한 곳을 찾아 들어가 배수진을 치고 승리하는 법을 익혀야만 이 험난한 세상에서 우리가 제대로 숨을 쉬며 살아남을 수 있다는 거죠.

여러분의 생각은 어떠실지 모르겠지만, 저는 사실 에코이스트들이 이미 사지를 경험한 사람들이라고 믿습니다. 힘든 가정환경 안에서 어떻게든 살아남아야 했을 수도 있고, 가정환경이 힘들지 않았어도 또 다른 어떤 문제들을 가지고 씨름할 수밖에 없는 그런 상황을 겪으면서 에코이스트가 된다고 생각해요. 인간에 대해, 심리에 대해 남들보다 더 많이 관찰하고 공부하고 알아야만 하는 그런 상황에서 포기하지 않고 어떻게든 최선을 다해 문제를 해결하며 살아남았기 때문에 남들보다 뛰어난 예지력과 인내력, 문제해결력 등을 갖고 있는 게 아닐까 싶습니다. 그래서 사지에서 살아남은 병사처럼 우리는 아마도 우리에게 도전의식을 주는 무언가를 찾고 있는지도 모릅니다. 그리고 사실 그것 때문에 우리가 나르시시스트에게 더 빠져드는 것일 수도 있고요.

모든 인간은 문제를 해결하는 것에서 가치를 느낀다고 합니다. 혹시 남들이 풀지 못하는 큰 문제를 풀었을 때의 느낌을 기억하시나요? 큰 문제를 해결해본 사람들에게는 더 이상 작은 문제는 문제로 보이지가 않는 법이죠. 솔직히 말해서 여러분은 주변 사람들이 아주 작고 사소한 것들을 가지고 굉장히 힘들어하고 애쓰는 것을 많이 보셨을 겁니다. 에코이스트 입장에서 보면 '도대체 왜 저렇게 별것도 아닌 것에 목을 맬까, 그냥 이렇게 저렇게 하면 될 일을 왜 그거를 못 해서 저렇게 온갖 감정 소모, 에너지 소모, 시간 소모, 체력 소모를 하나. 다들 왜 저러나' 싶을 때가 분명히 자주 있으실 거예요. 그것은 여러분이 그들보다 더 큰 문제해결력, 더 큰 그릇을 가진 사람들이기 때문이지 다른 이유는 없습니다.

여러분은 어쩌면 남들이 풀 수 없는 문제들을 풀기 위해 특수한 훈련을 받은 사람들인지도 모르겠어요. 작은 문제는 문제로 보이지도 않기에 '나르시시스트'라는 남들이 도저히 풀지 못하는 문제를 풀며 나의 가치를 느끼려 했을지도 모르죠. 우리가 가진 이 능력을 나르시시스트를 향해 쓸 것인가 아니면 다른 그 무엇을 위해 쓸 것인가 선택의 시간이 온 것은 아닌지 생각해보시기 바랍니다.

에코이스트가 아닌 사람들에게 이 세상은 24시간이 문제로 가득한 곳입니다. 그 많은 문제들에 비해 문제해결력은 터무니없이 부족하고요. 그러니 자기 혼자 풀어야 할 문제가 산더미인 이 사람들은 평범한 하루하루 매 순간마다 크고 작은 실패와 성취 속에서 자신의 가치를 충분히 느끼며 살아갈 수 있습니다. 에코이스트가 볼 때 별일 아닌 것들이 그들에게는 너무도 큰 문제이고, 그 문제들을 푼다는 것은 정말 대단한 일이니까요. 그에 반해, 에코이스트들은 작은 문제들을 그냥 식은 죽 먹기 마냥 쉽게 풀어버리기 때문에 거대한 문제를 만나지 않는 이상 자신의 가치를 느끼기가 참 힘듭니다. 그리하여 도저히 풀리지 않는 나르시시스트와의 관계가 우리에게 도전의식을 느끼게 만들어주고, 문제해결 과정 속에서 내 온 힘을 쏟아붓는 강렬한 느낌을 경험하기에 더더욱 벗어나지 못하게 되는 거죠.

그러니 나르시시스트라는 존재에 내 모든 능력을 쏟아붓게 되기 전에, 내가 먼저 내 인생을 향해 선수 쳐야 합니다. 로버트 그린이 말했듯이 일부러 우리 자신을 사지로 밀어 넣고, 내가 감당하기 벅차 보이는 문제 앞으로 나를 몰아가는 거예요. 내가 과연 할 수 있을까, 이룰 수 있을까 싶은 큰 꿈을 가지고, 그것을 향해 앞으로 나아가며 모든 장애물들을 헤쳐나가는 그런 삶이, 우리가 스스로를 살리는 방식이 된다는 겁니다.

앞으로 내가 어떤 삶을 살고 싶은지를 구체적으로 떠올려보고, 그 비전을 이루는 것을 목표로 삼아보시기 바랍니다. 그리고 그것을 이루지 못하게 방해하는 주변의 모든 문제를 해결해나가며 그 목표를 향해 점점 가까이 나아가는 거예요. 내 앞에 풀어야 할 문제가 산더미 같을 때는 남의 문제를 돌아볼 여유가 없어집니다. 또 치열하게 고군분투하며 그 문제를 하나하나 풀어갈 때마다 어마어마한 성취감과 함께 나에 대한 자부심과 신뢰감, 스스로를 아끼는 마음이 선물처럼 찾아오게 될 거예요.

물론 아직 상처가 너무 깊다면 위험을 감수하는 것보다는 그저 편안하게 쉬며 나를 돌보는 것이 먼저가 되어야 합니다. 충분히 쉬고 나서 이제 좀 숨이 쉬어진다 싶을 때, 이제는 조금씩이라도 앞으로 나가야겠다라는 생각이 들 때, 그때 이제 천천히 하고 싶은 것들을 생각해보고 어떤 것을 꿈으로 삼을지, 이것을 이루기 위해 무엇을 해야 할지 차근차근 생각해보시기 바랍니다. 위험한 일에 도전하기로 마음을 먹었다면, 처음부터 너무 큰 위험을 감수하려 하지 말고, 어디까지나 내가 감당할 수 있는 선에서, 치밀한 계획 하에 조금씩 시도하면서 위기관리 능력을 계속 키워나가셨으면 합니다.

에코이스트 특유의 예지력과 문제해결력, 그리고 모든 재능과 능력을 나르시시스트가 아닌 다른 곳에, 선향 영향력을 발휘할 수 있는 어딘가에 온전히 쏟아붓게 되셨으면 좋겠어요. 에코이스트들만이 느낄 수 있는 그 쾌감, 사지에서 살아남은 자들만이 느낄 수 있는 승리의 쾌감을 여러분의 일상에서 충분히 느끼며 살게 되시기를 바랍니다.

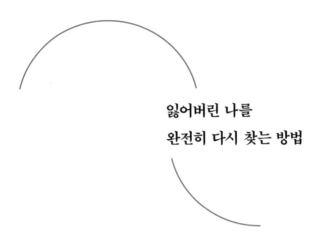

잃어버린 나를
완전히 다시 찾는 방법

　나르시시스트와의 관계에서 벗어나는 우리의 여정이 그저 '생존자'가 되는 것에서 끝난다고 생각하는 사람들이 많습니다. 물론 학대에서 벗어나 '살아남는 것'은 결코 쉬운 일이 아니에요. 자신이 처한 상황을 객관적으로 판단하고 거기서 벗어나 생존자가 되는 것은 굉장히 훌륭한 일입니다. 그러나 우리가 해로운 관계로부터 우리 자신을 구해낸 후 목표로 삼아야 할 다음 단계가 있습니다. 오프라 윈프리와 함께 미국에서 가장 영향력 있는 흑인 여성 중 한 명으로 꼽히는 마야 안젤루는 다음과 같이 말합니다. "생존은 중요한 일이다. 그러나 번영은 품격 있는 일이다." 이것이 바로 우리 모두가 결국 도달해야 할 곳입니다. 생존자에서 번영가로 넘어가는 것 말이에요.

이번 장은 상처에서 어느 정도 벗어나신 분들을 위한 내용입니다. 나르시시스트로부터 받은 상처가 깊어서 아직 마음에 여유가 없는 분들은 그냥 곧바로 다음 장으로 넘어가셔도 될 것 같아요. 아니면 내용을 보시고 그저 기억만 하셨다가 나중에 몸과 마음이 좀 더 건강해졌다 싶을 때, 그때 한번 나에게 적용할 점을 찾아보시면 좋지 않을까 싶습니다. 상처에서 어느 정도 벗어나신 분들은 이번 장의 내용을 꼭 끝까지 읽어보셨으면 좋겠어요. 이제 더 이상 피해자, 희생자의 모습이 아닌 나 자신의 진짜 모습을 찾기 위해 어떻게 해야 할지 지금부터 이야기를 시작해보겠습니다.

생존자에서
번영가로

나르시시스트로부터 학대받은 사람들은, 처음에는 도대체 내가 무슨 일을 당하고 있는지 갈피를 잡지 못하고 혼란에 빠집니다. 그러나 나르시시즘에 대한 지식을 얻으면서 점차 객관적인 눈을 가지기 시작하죠. 모든 것이 내 탓이라고 생각했는데 그게 아니었음을 인지하게 되고요. 또 내가 겪은 황당한 일들이 도저히 설명할 길이 없을 거라 생각했었는데, 그게 아니라는 것을 알게 됩니다. 심지어 내가 겪은 일들에 나름 이름까지 붙어 있어요. 가스라이팅 이외에도 미러링(상대의 모습을 모방함), 워드 샐러드word salad(앞뒤 논리에 맞지 않게 말을 뒤섞어버림), 스미어 캠페인smear campaign(중상모략으로 평판을 망치는 것), 플라잉멍키flying monkeys(나르시시스트 곁에서 스미어 캠페인을 거들어주는 사람들), 러브바밍love bombing(연애 초반의 과도한 애정 표현), 후버링hoovering(이별 후 자꾸 다시 찾아오는 행동) 등 다양합니다. 나르시시스트와의 관계에서 일어나는 일들을 설명해주는 다양한 이름들을 배울 때마다 누군가가 나를 지지해주는 것 같은 느낌을 받습니다.

그러면서 '내가 느껴온 감정들이 잘못된 것이 아니었구나' 하는 확신이 점점 커지죠. '이 고통스런 일들이 결코 나 혼자만 겪는 일이 아니구나'라는 생각과 함께 점점 머릿속이 정리됩니다. 자기 의심에서 벗어나고 현실감각을 찾고 또 시간이 가면서 무너진 자존감도 되찾게 되죠. 그리하여 이전보다 나 자신을 더 잘 챙겨주고 주변에서 필요한 도움을 받아들이며 상처에서 점차 벗어나게 됩니다. 또한 나르시시스트와의 관계를 어떤 식으로 꾸려갈지 결정할 수 있게 돼요. 헤어져야 할지 혹은 그레이락으로 대할지, 강하게 대할지 또는 장기적으로 전략을 세워 대응할지 등의 다양한 생존법을 나름 상황에 맞게 구축할 수 있게 되는 거죠. 생존법을 익히고 실천해가면서 피해자는 갈수록 더 건강해지고, 스스로를 지킬 수 있게 됩니다. 이제 점점 주위에 있던 나르시시스트를 다 걸러내고 좋은 사람들로 주변을 채우게 되죠.

그런데 사람들이 이러한 험난한 과정을 거쳐서 드디어 평온함을 맞이하게 되었을 때, 마냥 행복해지기만 하는 것은 아니라고 합니다. 큰 문제를 해결하고 좋은 사람들로 주위를 채우고 평온한 환경을 구축해놓았지만, 그 후 시간이 지날수록 이상하게도 생존자는 공허감에 빠지기 쉽다고 해요. 물론 고통에서 벗어나 일상을 회복하게 된 것에 대해 큰 감사와 만족감을 느낄 겁니다. 그렇지만, 그 만족감이 생각만큼 영원히 이어지지가 않는다는 거죠. 많은 사람들이 상처 치료 후 행복에 젖어 살기보다는 큰 공허감에 빠져 갈 길을 잃는 일들이 벌어진다고 합니다.

심리학자 라마니 더바술라 박사도 이렇게 강조합니다. "생존하는 것이 치유의 종착역이 아니다. 생존자survivor에서 멈추지 말고, 번영가thriver로 넘어가야 한다." 그는 우리가 '생존자'에서 '번영가'로 넘어가는 것이 굉장히 중요하다고 강조합니다. 그저 나르시시스트를 피해 다니며 열심히 그레이락을 실천하고 단호하게 선을 긋고 나 자신을 지키는 것에서 멈추는 게 아니라, 그다음 단계로 넘어갈 수 있어야 한다는 거예요. 라마니의 말에 따르면 번영가란 다음과 같은 뜻을 갖고 있습니다.

"자신이 경험한 고통 속에 내재된 목적과 의미에 대해 알아낸 사람들, 그리고 그 목적과 의미를 깨달아 그에 걸맞은 꿈을 꾸고 이루는 사람들."

고통의 의미와 목적에 대해서 알아내고 그로부터 자신의 꿈을 발견하고 이뤄나가는 사람들이 바로 번영가라는 거예요. 이제 여러분이 나르시시스트에 대한 지식을 갖추고 주변을 잘 정리하고 자기 자신을 강하게 키워냈다면, 거기에 머무는 것이 아니라 그 질서 있는 환경과 강해진 자기 자신으로부터 무언가 멋진 성취물이 나와줘야 한다는 겁니다. 번영가가 되는 건 정말 중요합니다. 다시 학교에 들어가고, 자신의 꿈을 찾아 하루하루 노력하고 스스로를 발전시키며 주변 사람들에게 더 이상 희생자의 모습이 아닌, 나의 '진짜 모습'을 보여줄 필요가 있다는 거예요.

그러면 우리가 생존자에서 번영가로 넘어가기 위해 무엇

을 해야 할까요. 라마니의 말에 따르면, 우리가 해야 할 일은 바로 다음과 같습니다. 평소 나르시시스트가 지지하지 않았던 그 일, 내가 정말 하고 싶었지만 나르시시스트의 방해로 하지 못했던 그 일을 하는 거예요. 나르시시스트가 우리에게 절대 성공하지 못할 거라고 말했던 바로 그것, 내가 가장 하고 싶었던 것을 하라고 그는 말합니다.

일을 다시 시작하거나 학교에 다시 들어가거나 글을 쓴다거나 예술 활동을 한다거나, 취미를 사업으로 전환하는 등 내가 평소 하고 싶었던 일, 어릴 적부터 꿈이었으나 현실의 벽에 부딪쳐 포기해야만 했던 그 일들 말이에요. 다시 학교생활을 하고 학업을 마치고 자원봉사 활동을 시작하고 취미활동이나 자아실현을 위한 활동을 적극적으로 참여하는 등 곳곳에서 자신의 진짜 모습을 보여주시기 바랍니다. 주변 사람들이 여러분을 볼 때 '그래, 인생은 저렇게 살아야 해'라는 생각이 들게끔 말이에요. 그렇게 긍정적으로 변화하고 발전하는 나의 모습을 보면서 사람들은 이렇게 생각할 겁니다.

'내가 사람 보는 눈이 있지. 내가 이 친구를 믿은 보람이 있어. 그래, 이 친구는 원래 이렇게 좋은 사람이었어. 그 나르시시스트에게 확실히 문제가 있었던 게 맞아. 그런 힘든 과정을 거치고도 저렇게 멋진 삶을 살 수 있다니, 나도 배워야겠는 걸. 어떤 어려움이 오더라도 절대 무너지지 말고 포기하지 말고 희망을 가지고 앞으로 나아가야겠어. 저 친구처럼 말이야.'

이전에는 상상도 할 수 없었던 일들을 이뤄내고, 내가 가진 잠재력을 확인하고, 나 자신을 활기차게 만들어내는 것, 이것이 번영가가 되는 길입니다. 다른 사람들과의 경쟁에서 이겨서 상을 타내라는 뜻이 아니에요. 나르시시스트들처럼 경쟁에서 이기려고 온갖 짓을 다 하란 말이 아닙니다. 내가 얼마나 잘난 사람인지를 사람들에게 보여주라는 얘기가 아니에요. 그저 여러분 자신의 모습을 되찾는 것입니다. 나도 알지 못했던 나의 재능, 나의 능력, 나의 기량을 스스로 충분히 인지하고 누리며 내가 어떤 일을 할 수 있는지를 바라보라는 거예요. 이렇게 멋진 인생을 살 수 있었던 내가 그동안 나르시시스트 때문에 나 자신을 얼마나 왜곡해 바라보았는지 깨닫게 될 것입니다.

앞서 말씀드렸듯이 나르시시스트의 학대로부터 벗어나 생존하는 것만 해도 엄청난 일인 것은 맞습니다. 생존자가 되는 길도 다른 어떤 것 못지않게 아주 험난한 길이죠. 학대에서 벗어나 생존한 것 하나만으로도 엄청난 일을 해낸 것이 맞아요. 아직 고통에서 벗어나지 못했다면 '생존'을 위해 반드시 고군분투해야 합니다. 생존하는 것조차 힘든 상황에서는 번영가가 되라는 말이 상처만 되지 치유에 별로 도움이 되지 않을 거예요. 그래도 나중에 상처가 다 치유될 날이 분명히 올 거라는 믿음을 가지셨으면 좋겠습니다. 그 믿음을 가지고 미래를 그려보세요.

'모든 상처가 다 치유되고 나면 나는 어떤 삶을 살면 좋을까, 어떤 모습으로 살면 가장 행복하게 살 수 있을까, 어떤 꿈을 꾸면 내가 공허함에 빠지지 않고 번영가로서의 삶을 누릴 수 있을까.'

지금 잠시 눈을 감고 나의 미래를 상상해보시기 바랍니다.

4장

누구보다 나답게 멋지게
살 수 있습니다

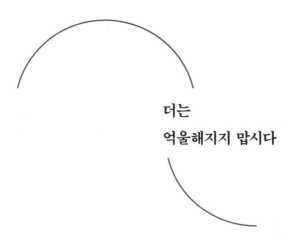

더는
억울해지지 맙시다

    사람들은 말합니다. "손뼉도 마주쳐야 소리가 난다, 그 사
람이 오죽하면 그렇게 했겠냐, 너도 분명히 뭔가 잘못한 게 있
을 거다"라고…. 많은 사람들이 여러분에게 이렇게 말하는 것
은, 이 세상에 버젓이 존재하고 있는 '악'의 속성에 대해 무지하
기 때문입니다. 전 세계 정신과 의사들에게 지대한 영향을 끼친
정신과 의사이자 작가, 사상가, 영적 안내자인 스캇 펙은 그의
책《스캇 펙의 거짓의 사람들》에서 '악의 심리'에 대해 자세히
다루고 있습니다. 그는 인간의 악에 있어서 가장 본질적인 심리
문제는 바로 나르시시즘이라고 말하며, 악에 대해 다음과 같이
설명합니다.

"악이란 '자신의 병적인 자아의 정체를 방어하고 보전하기 위해서 다른 사람의 정신적 성장을 파괴하는 데 힘을 행사하는 것'이라고 정의할 수 있다. 간단히 말해서 '희생양을 찾는 것'이다. 희생양을 찾되 강한 자가 아니라 약한 자를 찾는다. 악이 힘을 악용할 수 있으려면 우선 행사할 힘이 있어야 한다. 그리고 힘을 행사할 영역, 즉 피해자가 있어야 한다."

죄 없는 사람을 죄인으로
몰아가는 나르시시스트들

나르시시스트들은 늘 자신의 죄의식을 전가할 사람을 찾습니다. 약하거나 만만해 보이는 사람들 중에서 자신의 희생양이 될 만한 사람을 찾아낸 후, 그 희생양에게 자신의 죄의식을 전가하죠. 자신의 죄의식을 전가하기 위해 사용하는 방법은 상대방을 죄 지은 사람으로 취급하는 것, 즉 죄인으로 취급하는 것입니다. 이때 사용되는 방법이 지적과 비난, 조롱, 모욕 등이죠. 그 사람에게 잘못이 있다고 주장하는 거예요. 따라서 여러분이 만일 아무 잘못이 없는데, 정말 아무 죄도 저지른 적이 없는데 뜬금없이 죄인으로 취급당하고 있다면 지금 나르시시스트에게 당하고 있다고 봐야 합니다. '죄 없는 사람을 죄인으로 몰아가는 것'이 나르시시스트들이 피해자를 괴롭히는 아주 전형적인 방식이기 때문입니다.

나르시시스트가 피해자에게 주장하는 내용은 항상 다음과 같습니다.

'지금 누군가의 죄 때문에 문제가 발생했는데, 나에게는 아무 죄가 없고 그 죄는 바로 너에게 있다. 네가 바로 문제의 원인이다. 너의 잘못, 너의 죄 때문에 문제가 생겼다.'

그리고 그 주장을 입증하기 위해 상대방의 문제점을 들추고 비난하고 조롱하고 모욕합니다. 상대방이 하지 않은 짓을 했다고 완전히 거짓말을 지어내거나 혹은 실제 일어난 문제와 아무 상관없는 것들을 지적해요. 당연하죠. 상대방은 지은 죄가 없는데 죄를 만들어서 덮어씌우려니 그럴 수밖에 없습니다. 거짓말로 죄를 지어내거나 지금 일어난 문제와 상관없는 다른 것들을 지적할 수밖에 없어요. 이런 식으로 나르시시스트들은 죄 없는 사람에게 죄를 덮어씌웁니다. 폭력을 행사한 것은 자기 자신이면서 상대방이 그렇게 만들었다고, 그러니 자기가 피해자라고 주장합니다. 바람을 핀 것은 자기 자신이면서 상대방이 바람을 피웠다고 주장하고요. 약속 시간에 늦은 건 자기 자신인데 상대방의 말투 때문에 갈등이 시작된 거라고 주장하죠. 상대방의 성공을 질투해서 사람들 사이를 이간질한 것은 자기 자신이면서 상대방이 부당한 방법으로 성공해서 그럴 수밖에 없었다고 주장하는 식입니다.

문제를 일으킨 것은 자기 자신인데, 문제의 원인을 상대방에게서 찾아요. 이렇게 나르시시스트가 자신의 죄를 전가시킬 때 그 죄의 짐을 대신 지고 누명을 쓰는 대상을 '희생양', 다른 말로 '스케이프고트scapegoat'라고 합니다. 결국 이 나르시시스트들은 잘못은 본인이 저질러놓고 만만한 사람을 희생양으로 삼아 죄인 취급한다는 뜻이에요. 진짜 죄인은 자기 자신이면서 만만한 상대방에게 자기의 죄를 덮어씌우는 겁니다. 그런 식으로 자신의 죄가 해결되었다는 착각에 빠지죠. 이런 의미에서 나르시시스트들은 죄를 해결하는 법을 완전히 잘못 알고 있습니다. 타인에게 죄가 있다고 규정함으로써, 즉 타인을 '정죄'함으로써 자기 죄가 해결된다는 착각에 빠져 살고 있는 사람들이에요.

성숙한 사람들은 자신이 잘못한 것에 대해 스스로 책임을 집니다. 그들은 자신이 완벽하지 않다는 것을 알아요. 그렇기 때문에 자신이 언제든 잘못을 할 수 있고 죄를 지을 수 있다는 것을 인정합니다. 그리고 실제로 자기 때문에 문제가 생긴 경우 자발적으로 잘못을 인정하고 그 문제에 대해 책임지고 문제를 해결하려고 노력하죠. 자기가 만든 문제들에 대해 모두 남 탓을 하는 나르시시스트와는 완전히 다릅니다. 나르시시스트들은 어떻게 합니까. 그들의 심리 상태는 마치 모든 문제를 엄마 책임으로 돌리는 갓난아이와 같습니다. 갓난아이는 내가 배고픈 것도, 잠이 오는 것도, 기저귀가 찝찝한 것도, 심심한 것도, 다 엄마 탓이죠.

사실 갓난아이일 때는 모든 게 엄마 책임이 맞습니다. 엄마가 다 해줘야 아기는 생존할 수 있으니까요. 갓난아이는 불편한 일이 일어날 때마다 울어대며 엄마를 찾습니다. "엄마, 먹을 것 주세요. 재워주세요. 기저귀 갈아주세요. 놀아주세요"라는 의미가 담긴 울음이죠. '내가 불편한 일이 생길 때마다 엄마가 나서서 해결해줘야 한다'는 생각을 갓난아이들은 무의식중에 하고 있습니다. 갓난아이일 때는 이런 사고방식이 매우 자연스럽습니다. 그러나 문제는 시간이 지나 나이가 들고 성인이 되어서도 이런 사고방식에서 벗어나지 못한 사람들이 있다는 겁니다. 그게 바로 나르시시스트들이라는 거예요. 이들은 자신에게 조금이라도 불편한 일이 생기면, 심지어 자기 자신이 잘못해서 문제가 생겼어도 그 문제를 해결해야 할 책임이 남에게 있다고 생

227

각합니다. 똥은 자기가 싸놓고 남이 치워주길 바라는 갓난아이의 의식에서 벗어나지를 못한 거예요. 이들이 왜 이 갓난아이의 수준에서 벗어나지 못하고 있는 건지에 대해 약간의 설명을 해보겠습니다.

갓난아이의 수준에서
벗어나지 못하는 사람들

수십 년간 외상 후 스트레스 장애 분야를 연구해온 세계적인 권위자 베셀 반 데어 콜크의 책 《몸은 기억한다》에서 다음과 같은 내용을 찾아볼 수 있습니다.

"정신적 외상을 입은 사람들은 새로운 경험을 삶에 통합시키지 못하고 그 상황에 갇혀버려 그때부터 성장이 멈춰버린다. 정신적 외상을 입으면 그 트라우마가 바뀌지도 않고 바꿀 수도 없이 계속 이어지는 것처럼 삶의 구조가 형성되며, 새로운 만남이나 경험들은 모두 과거의 기억에 오염되고 만다."

전문가들의 추측에 따르면, 이 나르시시스트들은 갓난아

이 시절 부모와의 관계에서 트라우마가 될 만한 심한 충격을 장기간 반복해서 받아왔기에 그 시기의 정서 수준에 멈춰서 더 이상 자라나지 못한 사람들입니다.

또한 전문가들의 말에 따르면, 이 나르시시스트들은 어려서부터 자신이 뭔가를 잘못했다는 느낌을 받을 때마다 충격적인 일들을 경험했기 때문에 '자신이 잘못했다는 느낌'을 받지 않으려고 최선을 다해 피해 다닌다고 합니다. 이들은 자신이 뭔가 잘못했다는 느낌, 자신이 죄를 지었다는 느낌, 즉 '죄의식'을 느끼는 게 너무 불편해서 그 죄의식을 남에게 전가시키는 데 몰두합니다. 죄를 짓지도 않은 사람에게 죄를 덮어씌우고 그 사람을 죄인 취급하고 자신에게 향해야 할 비난의 화살을 그 사람에게 쏘아대는 거예요.

그리고 나 대신 그 사람이 비난받았으니 이제 문제가 해결된 것 같은 느낌을 받습니다. 자신의 죄가 해결되었다고 생각하는 것이죠. 나르시시스트들이 문제를 해결하는 방법, 자신의 죄를 해결하는 방식은 이렇습니다. 희생양에게 자신의 죄에 대한 책임을 돌리고 비난하며, 그 희생양이 죄의식으로 고통당하는 모습을 보며 자신의 죄가 해결됐다고 착각하는 거예요. 그러니 우리는 항상 기억해야 합니다. 누군가가 나에게 죄의식을 느끼게 할 때, 내가 지금 정말 느껴야 할 죄의식을 느끼고 있는 것인지, 아니면 내가 죄를 짓지도 않았는데 상대방이 죄를 전가시켜서 쓸데없는 죄의식을 느끼고 있는 건 아닌지 제대로 판단해야 한다는 거예요.

나르시시스트들은 가만히 있는 죄 없는 사람을 건드려 그 사람에게 잘못이 있는 것처럼, 죄가 있는 것처럼 몰아갑니다. 그리고 남을 지적하고 정죄하고 있는 자신의 모습, 겉으로 의로워 보이는 자신의 이미지를 통해 쾌감을 얻죠. 그러나 그런 식으로 잠깐의 쾌감을 느낀다 한들 실제로 존재하는 문제가 근본적으로 해결된 것은 아닙니다. 지은 죄가 없어지는 게 아니에요. 자신이 지은 죄뿐 아니라 남에게 전가시킨 악한 죄까지 추가되어 실제로 이들이 느껴야 할 죄의식은 이전보다 훨씬 더 커진다는 겁니다. 죄로 똘똘 뭉쳐진 상태에서 그 죄가 더 늘면 늘었지 절대 줄지는 않는 그러한 마음 상태를 가지고 나르시시스트들은 그저 자신은 아무 죄가 없다며 스스로를 가스라이팅하며 망상 속에 빠져 살고 있습니다. 거짓으로 평화로운 척, 자신에게는 그 어떤 결함도 잘못도 그 어떤 죄도 없다고 스스로를 속이고 남들도 속이며 살아갈 뿐이에요.

스캇 펙의 말에 따르면, 나르시시스트들은 세상에 거짓을 싫어하는 사람들이 존재한다는 것을 믿지 않는다고 합니다. 거짓말하기 싫어하는 사람들이 있고, 정직하게 진실을 말하는 것을 좋아하는 사람들이 있다는 것을 믿지 않는다고 해요. 이게 무슨 뜻이냐면 여러분이 그들 앞에서 아무리 착한 행동을 해도 그들은 그것을 여러분의 진심으로 받아들이지 않는다는 거예요. 여러분이 진실을 말해도 진실로 받아들이지 않을 것이며, 여러분이 친절하게 배려해도 위선으로만 받아들일 뿐 감사하게 생각하지 않을 겁니다.

여러분의 친절하고 배려하는 모습을 볼 때마다, 자신에게서 뭔가를 빼앗아가기 위해 위선적이고 가식적인 술수를 부린다고 바라볼 뿐이에요. 본모습을 숨기고 거짓으로 진실한 척, 친절한 척하고 있다고 여기죠. 아무도 보지 않는 곳에서까지 친절하게 굴고 자신에게 배려하기에 누구보다 더 악한 위선자로 판단하고 악인으로 몰아갑니다. 아무도 보지 않는 곳에서 순수한 마음으로 진실을 말하며 상대방을 존중하고 배려하는 사람들이 나르시시스트 앞에서는 오히려 악인으로 취급받는다는 거예요. 참 어처구니가 없죠.

스캇 펙은 사람들 가운데 양 극단에 위치한 두 가지 부류가 있다고 말합니다. 한쪽 극단에 있는 사람들은 '악한 행위를 도무지 할 줄 모르는 사람들'이고 반대편 극단에 있는 사람들은 '옳은 행위를 할 자유를 잃어버린 사람들'이라고 말해요. '바람직하지 않은 행동을 선택한다는 것 자체를 생각하기 어려운

수준에 이른 사람들, 더 이상 잘못된 행동을 할 수 없는 사람들'
이 있는 반면에, '옳은 행동을 할 자유를 상실해버려서 더 이상
옳은 행동을 할 수 없는 사람들'이 있다는 겁니다. 여기서 '옳은
행동을 할 자유를 상실해버렸다'는 건 자기 자신을 객관적으로
바라보고 진실을 인정할 능력이 없기에 거짓된 행위만이 자기
자신을 보호해줄 수 있다는 믿음으로 가득한 상태라는 것을
뜻합니다. 저는 개인적으로 이 극단에 있는 두 부류를 에코이
스트와 나르시시스트로 봐도 무방하지 않을까 생각합니다. 나
르시시즘의 완전히 반대편 극단을 에코이즘이라고 본다면 말
이죠.

　　지금까지 말씀드린 모든 내용을 종합해볼 때, 우리가 내릴
수 있는 결론은 다음과 같습니다. 바로 '손뼉은 마주치지 않아
도 소리가 날 수 있다'는 것입니다. 한쪽 손이 가만히 있어도 다
른 손이 고속으로 와서 부딪히면, 소리는 날 수밖에 없습니다.
세상에는 가만히 있는 죄 없는 사람을 휘두르고 괴롭히려 드
는 사람들이 분명히 있어요. 당해본 사람들은 이미 알고 있습
니다. 그러나 많은 사람들은 아직도 나르시시스트가 존재한다
는 것을 모르고 있죠. 나르시시스트를 경험하지 못해본 사람
들, 나르시시스트로부터 무시당해본 적이 없는 사람들은 이 나

르시시스트의 존재를 상상하기가 참 어렵습니다. 여러분이 정말 억울한 일을 당해 심정을 토로할 때, 나르시시스트가 한 짓을 폭로하려 할 때, 사람들은 이렇게 말할 수 있어요.

"너 자신을 먼저 돌아봐. 다른 사람을 욕하는 건 나쁜 짓이야."

참 선하게 들리는 말이고, 이 말을 하는 사람들도 물론 좋은 의도를 가지고 하는 말일 거예요. 그런데 이 말이 정말 맞는 말일까요? 이제 우리는 알고 있습니다. 아무리 선한 말이라도 적재적소에 맞지 않는 말, 지식이 없는 상태에서 하는 말은 얼마든지 가스라이팅이 될 수 있다는 것을요. 아무리 상대를 사랑해서 하는 말이라 해도, 그 안에 지식이 없다면 그것은 사람을 죽이는 말이 될 수 있다는 것을요. 지식은 사람을 살릴 수 있고, 무지함은 사람을 죽일 수도 있습니다. 세상에 분명히 존재하고 있는 이 '악'에 대한 지식, 나르시시즘에 대한 지식을 잘 갖추셔서 부디 현실을 살고 있는 사람들에게 정말 필요한 말들을 해주는, 그리하여 사람들에게 생명을 불어넣어주는 역할을 감당하며 살아가는 우리가 되었으면 합니다.

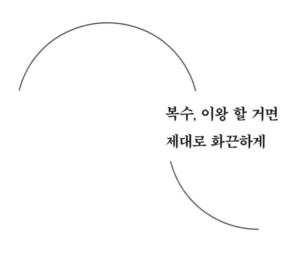

복수, 이왕 할 거면
제대로 화끈하게

　나르시시스트에게 크게 당하는 경험을 한 사람들은 많은 경우 복수를 생각하게 됩니다. 사실 에코이스트들은 원래 남에게 해를 끼치는 것을 너무도 싫어하기 때문에 '복수'라는 단어는 이들과는 어울리지가 않아요. 남들이 아무리 나쁜 짓을 해서 나에게 해를 입혔다 하더라도, 그들이 한 짓을 똑같이 되갚아주는 것은 수준 낮은 행동이라고 생각합니다. 그들과 똑같은 사람이 되는 것이라고 생각하죠. 따라서 '악을 선으로 갚는 것이 옳다'는 마음으로 나를 괴롭힌 사람들에게까지도 선한 방식으로 대하려고 노력하는 사람들이 바로 에코이스트들입니다. 이들은 그 어떠한 경우에도 타인의 감정을 다치게 하는 것은 마치 죄악과 같다고 여기는 사람들이에요.

234

그런데 이런 착한 사람들이 나르시시스트와의 관계를 통해 극심한 고통을 겪고 나면, 지금까지 자신의 가치관에 대한 의심을 품게 되고, 시간이 지나면서 복수의 칼날을 갈게 되기도 합니다. 이 착한 사람들이 복수를 꿈꾸게 될 정도로 나르시시스트들의 괴롭힘은 평범한 사람들의 상상을 초월합니다. 원래는 복수 같은 것은 상상조차 못 하던 사람들인데 나르시시스트들 때문에 얼마나 고생을 했으면 이런 결심까지 하게 되었을까 참 슬픈 마음이 듭니다. 그러나 만일 여러분 중에 혹시라도 나르시시스트에게 복수하기 위해 이런저런 계획을 짜고 그 계획을 실행하기 위해 일부러 그들을 다시 만나려고 하는 분이 계시다면, 여러분의 그 마음만큼은 제가 이해하지만, 부디 그 계획을 다시 한 번 더 생각해보시길 부탁드립니다.

왜냐하면 그들에게 복수하는 것은 문제를 해결하기보다는 더 악화시키는 결과를 가져오기 때문입니다. 우리가 만일 그들에게 어떤 방식으로든 복수를 하게 되면 나올 수 있는 결과는 두 가지입니다. 첫 번째는 거듭 이야기했듯이 여러분이 내뿜는 그 복수의 감정, 분노의 감정이 표출될 때 나르시시스트들은 오히려 그것을 즐긴다는 것입니다. 이들은 상대방이 이성을 잃고 부정적인 감정을 분출하는 것을 볼 때 자신의 힘과 권력을 느끼는 존재들입니다. 자신의 영향으로 인해 상대방이 저렇게까지 반응한다고 생각하기 때문에, 상대방이 감정을 강하게 분출할수록 자신의 힘을 더 강하게 느낄 뿐이라는 거예요. 그들 앞에서 부르르 떨면서 분노하고 소리 지르며 화내고 우는 건 칭찬만큼이나 그들을 기분 좋게 만듭니다. 여러분을 더 세게 괴롭히고 더 짓밟으면서 그 감정을 더 강하게 느끼려고 할 거예요.

두 번째는, 여러분에 의해서 나르시시스트가 무언가 손해를 입게 된다면, 분명히 더 악랄하게 되갚으려고 할 겁니다. 그들은 선한 일에 대해서는 바보같이 무지하지만, 복수처럼 악한 일에 대해서는 머리가 천재처럼 잘 돌아가기 때문에, 그들에게 손해를 입히려고 하면 할수록 여러분이 더 큰 손해를 보게 될 거예요. 남들에게 손해를 입히는 능력에 있어서는 여러분이 나르시시스트를 결코 따라갈 수가 없습니다. 그러니 일단 그들과 거리를 두고 헤어졌다면 최대한 아무 감정 없이 그리고 연락도 하지 말고 없는 사람 취급하는 게 제일 좋습니다.

그래도 복수를
원한다면

그래도 어떻게든 복수를 하고 싶은 분들이 계시다면, 지금부터 집중해주시기 바랍니다. 나르시시스트들의 심리를 이용해서 정말 제대로 효과적으로 복수하는 법이 분명히 있기 때문입니다. 나르시시스트의 심리를 잘 모르고 자신의 방식대로 복수하려 한다면 부작용만 생기겠지만, 그들의 심리를 잘 알고 이를 이용해 제대로 된 복수를 한다면 여러분의 속을 시원하게, 후련하게 만들 방법이 분명히 있습니다. 새로운 시대를 이끌어갈 에코이스트답게 아주 우아하고 세련되게, 스마트하게 복수하는 법을 지금부터 가르쳐드릴 텐데요. 그전에 먼저 제가 궁극적으로 지향하는 이 복수 방법을 너무도 멋지게 해낸 사람들이 있어서 소개해드리려고 합니다.

바로 여러분들이 잘 아시는 BTS, 방탄소년단입니다. 지금은 유명한 아티스트로서 전 세계에서 사랑받고 있는 이들이 데뷔 초에 겪었던 설움에 대해 아주 지혜롭게 결말을 이끌어낸 실제 이야기를 전해드리려고 해요. 방탄소년단은 2013년에 힙합 아이돌이라는 콘셉트로 데뷔했습니다. 당시 아이돌이 무슨 힙합을 하냐면서 힙합에 대한 자부심이 큰 사람들로부터 비난을 많이 받았다고 합니다. 공개적으로 인신공격을 받기도 했어요. 관심 있는 분들은 아시겠지만, BTS 멤버들 각자가 데뷔 전후로 여러모로 힘든 시간을 이겨낸 것으로 알려져 있는데요. 멤버들끼리 서로 힘이 되어주고 또 팬들의 사랑에 힘입어서 그 힘든 시간들을 잘 이겨내며 점점 인지도가 쌓이고 전 세계적으로 유명해지게 됩니다. 그리고 자신들이 겪은 이야기를 바탕으로 2017년 〈MIC Drop〉이란 곡을 발표하게 되죠.

이 곡을 만들 때 방탄소년단의 소속사인 빅히트의 방시혁 대표가 이렇게 제안을 했다고 합니다. "후광을 얻고 나오지 못한 아이돌로서 어떤 설움이나 화에 대해서 한번 얘기해보는 게 어떠냐." BTS는 그 제안을 받아들였고, 그렇게 해서 태어난 곡이 바로 이 곡입니다. 이후 리더인 RM이 이 곡에 대해 이렇게 말했습니다. "맘대로 썼더니 되게 좋은 랩이 나왔어요. 왜였냐면 저희에게 더 이상 화가 없었기 때문에, 그냥 이게 제가 하고 싶은 말이었어요. 날 싫어하는 사람들도 그렇고 억울하게 느껴졌던 일들이나 감정들, 화들에 대해서 난 더 이상 볼 일 없고 안녕이다."

사실 이 'MIC Drop'이란 단어는 승리의 확신에 가득 찬 사람이 취하는 행동을 의미합니다. 래퍼가 랩 배틀에서 혹은 스탠드업 코미디언이 코미디에서 자신이 승리했음을 확신하는 의미로 손에 잡고 있던 마이크를 바닥에 던져버리는 행동을 뜻하죠. '상대방이 반격할 수 없을 정도로 압도적인 라인을 날렸으니, 내가 이긴 게 확실하다. 그러니 더 이상 마이크를 들 필요도 없다'라는 뜻입니다.

이후 방탄소년단을 공개적으로 인신공격했었던 한 뮤지션이 2019년이 되어 자신이 한 행동을 6년 만에 반성하면서 사과하는 장면이 기사에 났습니다만, 사람들이 그렇게 좋게 보지는 않았겠죠. 진정성을 느끼기는 힘든 사과였어요. '방탄소년단이 무명일 때는 그렇게 비난을 해대더니 성공하자 꼬리를 내린다'라는 사람들의 평가를 피할 수가 없었습니다.

여기서 여러분께 제가 한 가지 묻고 싶습니다. 방탄소년단이 과연 이 기사에 신경을 썼을까요? 6년 만에 반성하고 사과하는 그 뮤지션에 대한 기사를 보며 '와, 드디어 우리한테 사과를 하는구나!' 하면서 기쁨의 눈물을 흘렸을까요? 6년 묵은 체증이 싹 가시는 느낌을 받았을까요? 아니요. 제 생각에 방탄소년단은 그 기사에 대해 신경도 안 썼을 것 같습니다. 이들이 0.1초라도 거기에 신경을 쓴다면 소중하고 귀한 시간을 낭비하는 일이 될 뿐이죠.

다른 한 가지 예를 더 들어볼까요? 만일 한 7살쯤 된 어린아이가 저에게 "아줌마 너무 못생겼어요. 왜 그렇게 늙었어요? 그 얼굴로 돌아다니지 마세요"라고 말한다면 제 기분이 어떨까요? 기분이 퍽 좋지는 않겠죠. 그런데 그렇다고 제가 그 아이에게 '내가 받은 대로 되돌려줄 거야!' 하면서 분노에 차서 부들거리지는 않을 거예요. 왜냐하면 그 아이가 보는 세상과 제가 보는 세상은 수준 차이가 너무 많이 나거든요. 그 아이가 세상을 보는 시각과 저의 시각의 수준이 너무도 다르기에, 어린아이의 말 한마디는 저에게 큰 타격을 주지 못합니다.

나르시시스트가 보는 세상과 여러분이 보는 세상은 사실 수준 차이가 많이 난다는 것을 기억하시기 바랍니다. 그들은 눈에 보이지 않는 가치에 대해 관심이 없고 알려고 하지 않아요. 그저 자기 눈에 보이는 것이 전부인 양 바라보며 결코 깊은 사고로 나아가지 못하는 사람들입니다. 에코이스트들에 비하면 수준이 너무 낮다는 거죠. 그러니 이왕에 수준이 차이 나는 거, 그 차이를 훨씬 더 크게 만들어버리는 것이 좋은 방법이 될 수 있습니다.

갓난아이와 어른 간의 차이만큼, 아니 그보다 더, 여러분이 보는 세상의 수준에 점점 더 변화를 주면서 이 나르시시스트가 보는 세상과 완전히 동떨어져서 살게 되면, 지난날을 돌아보며 그들에 대해 기억하는 것 자체가 쓸데없는 짓이 됩니다. 너무 어처구니가 없는 거예요. 거기에 신경을 쓴다는 것 자체가 시간 낭비라는 느낌이 듭니다. '나는 왜 저런 수준 낮은 인간이 하는 말에 귀 기울였을까'라는 생각이 드는 거죠. 정말 1초라도 그 사람을 기억하는 것이 시간이 아깝고 민망하고 부끄러워집니다.

제가 지금 그래요. 과거를 생각하면 기분이 나쁘기는 한데 나를 괴롭힌 그 사람들에 대해 1초라도 더 생각하기가 싫습니다. 그 시간에 내가 좋아하는 일을 하나라도 더 하는 게 훨씬 낫죠. 사실 별로 생각이 나지도 않고요. 과거의 그 기억 때문에 1분 1초라도 시간을 낭비하고 싶지가 않아요. 지금 내 곁에 좋은 사람들 그리고 내가 너무 좋아하는 일들이 사랑스러운 눈길로 날 바라봐주고 있는데 굳이 생각도 안 나는 부정적인 과거를 끌어내서 그걸 곱씹고 싶은 욕구도 없고 필요성도 가치도 못 느낍니다. 그야말로 그 나르시시스트들은 제가 보는 세상에서 '아웃'돼버린 거죠.

가장 최고의
복수

최고의 복수는 내가 잘되는 것입니다. 이전보다 더 큰 영향력을 가지고 성공한 모습으로 살아가는 거죠. 에코이스트들은 인간관계에서도 그리고 일에서도 모두 성공할 수 있는 조건을 갖추고 있습니다. 스스로를 발전시키느라 바쁘게 일하기 때문에 사람들을 자주 보지는 못하지만, 가끔 만날 때마다 공감 능력을 발휘해 사람들의 깊은 마음을 어루만져주는 사람, 그래서 자주 만나는 것 못지않게 친밀감을 주는 그런 사람으로 살아가는 거예요. 나 스스로도 행복하면서, 누가 봐도 '저 사람은 진짜 잘 살아가고 있구나. 나도 저렇게 살고 싶다'라는 마음이 들 정도로 매력 있는 그런 삶을 살아가시기 바랍니다. 그러다 보면, 나중에 이런 생각을 할 때가 올 거예요.

'와, 내가 큰일 날 뻔 했구나. 그때 그 나르시시스트가 했던 말을 계속 신경 쓰고 무슨 짓이라도 했었다면 크게 후회할 뻔 했어. 그때 잘 참고 그 에너지를 나 자신에게 쏟기를 정말 잘한 거 같아. 정말 자랑스럽다.'

지금 많이 힘든 분들은 아마 먼 나라 이야기처럼 들리실 수도 있어요. 나에게 과연 그런 일이 일어날까 싶으실 겁니다. 그때가 안 올 것처럼 느껴지실 수도 있겠지만, 여러분이 예측하시는 것보다는 빨리 올 겁니다. 세상의 수많은 성공한 사람들이 그런 과정을 거쳐 갔어요. 이제 여러분 자신의 능력을 믿어주시기 바랍니다. 제가 말씀드린 밝은 미래를 누릴 가치가 있을 정도로 여러분은 아주 중요하고 멋진 사람들입니다. 여러분이 보는 세상이 너무 행복하고 재미있어서, 예전의 그 나르시시스트에 대한 생각은 1초도 더 하기 싫은 그때가 반드시 올 거예요.

지금은 현재 할 수 있는 것에 집중하시기 바랍니다. 치유가 필요하신 분은 치유에 집중하시고 좀 엉망진창으로 쉬는 시간이 필요한 분들은 그런 시간을 가지시고, 정말 하고 싶은 쓸데없는 짓을 찾아봐야 할 단계에 있는 분들은 그것을 찾으세요. 그리고 꿈을 찾아야 할 단계에 있다면 꿈을 찾아서 그 꿈을 향해 한 걸음씩 천천히 나아가시길 바랍니다. 여러분이 아무리 천천히 가도 남들 눈으로 봤을 때는 초고속이니까, 마음에 여유를 가지고 최대한 천천히 가시면 됩니다. 나르시시스트들이 하는 말 따위는 간단히 무시하고, 그들의 동의나 인정을 얻을 생각은 하지 마시고, 나 자신만의 계획을 가지고 조금씩 앞으로 나아가셨으면 좋겠어요.

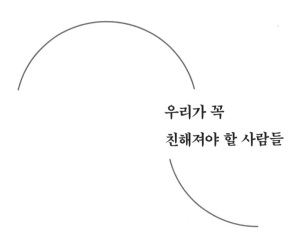

우리가 꼭
친해져야 할 사람들

　보스니아 전쟁 생존자들을 대상으로 심리검사가 이루어졌습니다. 우울증이나 대인관계 장애 또는 그 밖의 심리적인 문제들을 조사했죠. 그 결과 자신을 평균 이상으로 생각하는 사람들과 자신을 객관적으로 정확하게 보는 사람들 간의 차이가 있다는 것이 밝혀졌어요. 자신을 평균 이상이라고 생각하는 사람들이 자신을 정확하게 보는 사람들보다 심리적 상태가 더 좋은 것으로 나타난 겁니다. 9·11 테러 생존자들도 비슷한 양상을 보였다고 해요. 현실을 있는 그대로 객관적으로 보고 자신이 특별하지 않다고 생각하는 사람들은 우울과 불안에 시달리는 비율이 더 높았습니다. 심리 상태가 좋은 사람들은 의외로 자기 자신을 그렇게 냉정하게 객관적으로 보지 못한다는 거예요. 심리학자 조나단 브라운Jonathan Brown은 이를 '평균 이상 효과'라고 말하며 다음과 같이 설명합니다.

"대부분의 사람이 자신을 보통의 평범한 사람이 아니라 특별하고 독특한 사람으로 여긴다."

심리적으로 별 문제가 없이 건강한 사람들 사이에는 이렇듯 자신을 남들보다 특별하게 여기는 '평균 이상 효과'가 널리 퍼져 있다고 합니다.

적당량의
나르시시즘은 필요하다

앞서 소개했듯이 나르시시즘에는 스펙트럼이 있습니다. 숫자 10을 극단적 나르시시즘이라 보고 숫자 0을 극단적 에코이즘이라고 본다면, 이 스펙트럼의 중간인 4, 5, 6 정도에 위치한 사람들이 심리적으로 좀 더 안정적이고 건강한 사람들이라고 볼 수 있는데요. 나르시시즘과 에코이즘의 중간 정도에 위치한 이 사람들의 특징을 간단히 말하자면, '때때로 자신을 특별하게 생각하기도 하지만 타인에 대한 세심한 배려를 잊지 않는다'는 것입니다. 그런데 사실 이들이 언제나 변함없이 늘 4, 5, 6의 자리만을 유지하는 것은 아니라고 해요. 상황에 따라 스펙트럼 속을 좌우로 이리저리 돌아다니며 때로는 나르시스트처럼 보일 때도 있고 때로는 그 반대인 에코이스트처럼 보일 때도 있습니다. 그러나 극단으로 가는 경우는 드물다고 하죠.

심리적으로 건강한 사람들은 자신이 남들보다 특별하다는 생각에 빠져 있다가도 타인의 입장에 대해 생각할 능력이 있습니다. 너무 많지도 너무 적지도 않은, 적당한 양의 건강한 나르시시즘을 가진 사람들이라고 볼 수 있어요. 적당한 양의 나르시시즘은 우리에게 자존감과 자부심, 야망, 창의력, 회복력 등을 제공해줍니다. 예를 들어, 위대한 작품을 만들어서 세상에 내놓으려면 기본적으로 자신에게 위대한 능력이 있다고 믿어야 가능하겠죠. 자리에 앉아 시도라도 해보려면 스스로에게 충분한 가능성이 있다고 느껴야 합니다. 자신을 너무 보잘것없는 존재로 생각한다면 위대한 작품을 만들어내기가 어렵습니다.

적당량의 나르시시즘을 가진 건강한 사람들은 늘 주목받으려고 애쓰지는 않지만, 만일 사람들 앞에서 주목받는 자리에 가게 되면 다음과 같이 행동합니다. 나르시시스트처럼 자아도취에 빠지는 것도 아니고 에코이스트처럼 부담스러워서 도망가려고 하지도 않습니다. 이들은 그 자리에서 자기 자신은 물론이고 다른 사람들까지 기분 좋게 만드는 자신감이 있다고 해요. 이들은 생각보다는 그렇게 겸손한 사람들은 아니라고 합니다. 물론 자기 자신에 대해서 대놓고 자랑하지는 않죠. 그렇지만 자기의 재능을 드러내는 걸 부끄러워하지도 않는다고 합니다. 이 적당한 양의 건강한 나르시시즘을 가진 사람들은 주변 사람들과 폭넓게 사랑하고 사랑받을 수 있는 능력을 가진 사람들입니다.

건강한 나르시시즘의 핵심적인 특징을 딱 두 문장으로 나타낼 수 있습니다. 첫 번째는 '큰 꿈을 갖는 것을 좋아하지만, 꿈을 위해 관계를 희생시키지는 않는다' 그리고 두 번째는 '사람들이 나에게 잘난 체한다고 말할 때 자제할 수 있다'.

지식과 지혜가
나를 아프게 할 때

에코이스트들은 적당량의 나르시시즘을 가진 건강한 사람들에 비하면 좀 더 우울감과 불안감에 빠지기 쉽습니다. 에코이스트들에게 뭔가 문제가 있어서라기보다는, 세상과 자기 자신을 너무 있는 그대로 진실하게 보기 때문이라고 할 수 있죠. 에코이스트들은 관찰력이 좋고 남들보다 머리 회전이 빠르기에 다른 사람들이 보지 못하는 부분까지 파악하여 모든 것을 너무 정확하게 인지하는 사람들입니다. 그리하여 세상의 수많은 부당함과 아이러니에 대해 남들보다 더 많이 고통을 느끼게 되고, 동시에 자기 자신의 흠과 단점까지 가차 없이 객관적으로 바라보며 스스로의 부족함과 연약함을 한순간도 잊지 못한 채 살아갑니다. 현실과 다른 혼자만의 망상 속에 빠져 살아가는 나르시시스트들과 완전히 반대의 삶을 살아가고 있죠.

자기 자신이 흠 없이 완벽한 존재이며 모든 타인은 자기 자신을 위해 존재한다는 식의 망상 속에 빠져 살아가는 나르시시스트들과 달리, 에코이스트들은 늘 자신의 내면과 외면으로부터 비롯된 수많은 고통을 남들보다 더 많이 겪기에, 남들에 비해 좀 더 우울해지거나 불안에 휩싸이기 쉬워요. 수많은 현자들이 말하듯 세상은 결코 장밋빛 유토피아가 아니기에, 이 세상을 객관적이고 진실하게 바라볼수록 고통을 느끼게 될 수밖에 없습니다. 그러니 혹시 지금 '나는 왜 이렇게 사는 게 힘들까, 나는 왜 이리 모든 게 어려울까'라는 생각에 빠져 스스로를 부정적인 눈으로 바라보고 있다면, 이것은 여러분이 뭔가가 모자라서 또는 뭔가를 잘못해서가 아니라 단지 남들보다 더 많

은 것을 더 정확하게 보고 있기 때문이 아닐까 되짚어보시기
바랍니다.

역사상 가장 지혜로운 사람으로 손꼽히는 솔로몬은 성경
에서 다음과 같이 말합니다.

"지혜가 많으면 번뇌도 많으니 지식을 더하는 자는 근심을
더하느니라(전 1:18)."

성경 인물들 중 지식 수준이 높기로 유명한 바울 또한 다음
과 같이 말했죠.

"내가 그리스도 안에서 참말을 하고 거짓말을 아니하노라.
내게 큰 근심이 있는 것과 마음에 그치지 않는 고통이 있는 것
을 내 양심이 성령 안에서 나로 더불어 증거하노니(롬 9:1~2)."

남들이 보지 못하는 것을 보고, 남들이 듣지 못하는 것을
들으며, 남들이 알지 못하는 것을 알고, 남들이 느끼지 못하는
것을 느끼며 살아간다고 해서 남들보다 더 행복한 것이 아님을,
오히려 부정적인 감정을 더 많이 느낄 수밖에 없음을 인정한다

면, 여러분이 지금 느끼고 있는 그 부정적인 감정에 대해 오히려 긍정적인 시선으로 바라볼 수 있게 될 것입니다. '내가 잘못해서, 내가 문제가 있어서 우울하고 불안한 것이 아니라 나의 지식과 지혜가 나로 하여금 근심하게 만드는 것이구나'라는 생각으로 스스로를 조금 더 긍정적으로 바라보시기를 바랍니다.

에코이스트로서의
사명을 실현하는 길

저는 에코이스트 여러분들께 평범한 삶은 포기해야 한다고 항상 말씀드리고 있습니다. 나르시시즘 스펙트럼의 중앙에 있는 정신적으로 가장 행복한 사람들 속으로 아무리 들어가보려고 애써도 그게 잘되지 않으실 거예요. 눈에 보이는 걸 안 보이는 척하고 아는 걸 모르는 척하고 사는 게 쉬운 일이 아닙니다. 대신에 여러분은 여러분만의 방식대로 살아가시는 게 더 낫지 않을까요? 여러분이 가진 성향은 그대로 가진 채 장점을 극대화하고 단점은 잘 관리해나가면서 남들과 다른 독특한 삶을 살아가는 것이 방법이 될 수 있습니다.

저명한 과학 저술가인 에릭 바커는《세상에서 가장 발칙한 성공법칙》에서 이렇게 말합니다.

"세상을 더 정확하게 보는 사람들은 우울증이 있는 사람들이다. 비관적인 기업가들이 더 많이 성공하고, 낙관적인 도박꾼일수록 돈을 더 많이 잃는다. 최고의 변호사는 비관주의자라는 연구 결과가 있다."

이처럼 세상을 정확하게 보는 사람들은 사실 다른 누구보다 더 성공하는 인생을 살아갈 능력을 가진 것이라고 볼 수 있습니다. 적당량의 나르시시즘을 지닌 사람들은 스스로를 특별하게 생각하는 낙관주의와 자신감을 갖고 있는데요. 이것이 삶에 행복감을 높여주기는 합니다. 그렇지만, 문제를 직시하고 개선하는 데에는 현실을 보는 정확한 눈이 훨씬 더 필요하죠. 정당한 실력으로 진정한 권위를 얻어서 많은 사람들을 선한 길로 인도하는 이런 고귀한 사명은, 스펙트럼의 중간에 있는 사람들이나 나르시시스트들에게는 너무도 어려운 일입니다. 에코이스트들만이 가능하죠. 에코이스트가 자기계발에 몰두하고 수많은 사람들에게 영향을 끼치기 시작하면 아마 스펙트럼의 중간에 있는 사람들과는 조금 다른 양상의 성공한 인생이 될 거예요. 에코이스트의 성향을 그대로 가진 채 일과 인관관계 모두에서 성공하는 이기적 이타주의자, 현명한 기버giver로서의 인생 말이죠.

여러분이 건강한 나르시시즘을 목표로 삼고 평범한 사람들과 똑같은 행복을 추구하는 것도 좋습니다. 자기 자신이 완벽하다는 망상에 빠진 나르시시스트와 스스로를 가차 없이 비판하는 에코이스트의 중간쯤에 머물면서 세상을 적당히 왜곡된 눈으로 바라보는 동시에 자신의 흠과 단점은 어느 정도 잊어버린 채 나름의 행복을 누리는 삶도 분명히 의미 있습니다. 그러나 저는 개인적으로 다음과 같은 삶이 더욱 가치 있다고 생각합니다.

'에코이스트로서 자신이 가진 강점들을 소중하게 생각하고, 상처받았던 날들의 기억을 약재료 삼아서 또 다른 억울하고 힘든 사람들 앞에 소망이 되는 그런 삶. 진실을 정확히 볼 줄 알기에 세상 문제들의 원인을 정확히 분석하여 해결하면서 세상을 더 나은 곳으로 만들어가는 삶' 말이지요.

만일 이런 삶을 사는 사람이 제 주변에 있다면 저는 그 사람과 꼭 친해지고 싶습니다. 가까이에서 친하게 지내며 그 사람이 가진 삶의 태도와 자세를 관찰하며 저 또한 닮아가려 노력하게 될 것 같습니다. 여러분의 생각은 어떠신가요. 저 같은 경우에는 태어나서 죽을 때까지 별 고생 없이 평범하게 행복하게

살아오느라 문제해결력이 떨어지는 사람들보다는, 산전수전
다 겪고 수많은 문제를 해결해가면서 쌓아온 문제해결력을 가
지고 인생에서 정말 중요한 것들을 지켜내며 갈수록 더욱 지혜
로워져가는 사람들과 더욱 친구가 되고 싶습니다. 그리고 저 또
한 그런 친구가 되려고 애를 쓰며 살고 싶습니다. 여러분은 어떤
사람과 친해지고 싶으신가요?

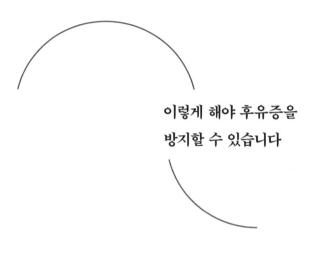

이렇게 해야 후유증을
방지할 수 있습니다

　물 속 깊은 곳에 있다가 갑자기 수면으로 빠르게 올라가게 되면 몸에 통증이 느껴진다고 합니다. 갑자기 수압이 낮아지면서 혈액 속에 기포가 생겨 통증이 생기는 거예요. 장시간 견디고 있었던 물의 압력이 갑자기 사라지면 사람의 신체에 위험하게 작용한다는 것이죠. 이와 마찬가지로 정신적인 압력이 갑자기 사라지는 것도 사람의 신체에 무리를 줄 수 있다고 합니다. 길고 무거웠던 정신적 부담에서 벗어나는 순간이 정신적으로는 오히려 위험한 시기가 될 수 있다는 거예요. 나르시시스트에게 긴 시간 고통받고 있던 사람이 갑자기 새로운 자유를 맞이했을 때, 그때가 오히려 정신적 위기가 될 수 있습니다.

　예전에 나치의 강제수용소에 수용되었던 사람들을 대상

으로 연구한 결과, 아이러니하게도 이들은 석방되고 자유를 얻은 직후에 정신적 위기를 겪는 경우가 많았다고 합니다. 강제로 육체적, 정신적 부담에 직면해 있던 감금 시절에는 최선을 다해 온갖 일들을 해내던 사람들이 갑작스레 자유를 맞이하자 정신적 어려움을 겪게 된 것이죠. 나르시시스트로부터 큰 고통을 받아본 사람들은 이 고통을 전쟁 시기의 강제수용소와 비교하는 것에 대해 그렇게 큰 괴리감을 느끼지는 않으실 거예요. 나르시시스트에게 심하게 고통을 겪는 사람들은 마치 정신적 수용소에 감금된 것과 같은 느낌을 받기 때문이죠.

　나르시시스트와의 이별은 정신적 수용소에서 석방되어 갑작스레 자유를 맞이하는 것과 크게 다르지 않습니다. 따라서 나치 강제수용소에서 석방된 사람들처럼 곧 정신적 어려움을 겪게 될 수 있어요. 예를 들어, 나르시시스트가 사라진 빈자리의 공허감 때문에 자발적으로 다시 나르시시스트를 찾아가는 경우도 있고, 나르시시스트의 후버링에 이끌려 더 깊은 문제에 빠져들기도 하죠. 이전보다 더 심한 나르시시스트를 만나 몇 배로 더 고생할 수도 있습니다. 나르시시스트와의 관계가 끝났기 때문에 이제 완전한 자유와 행복을 누릴 수 있을 줄 알았던 사람들이 예상치 못했던 문제들로 당황하고 어쩔 줄 모르는 상황이 벌어진다는 거예요. 그렇다면, 나르시시스트와의 이별 후에 주어지는 혼란을 최소한으로 줄이고 안정적이고 평안한 일상으로 돌아가려면 우리는 무엇을 어떻게 해야 좋을까요?

갑작스러운 자유에
건강하게 적응하는 법

심리학자들은 급작스럽게 압력에서 벗어나고 무언가에서 해방되었을 때 우리가 어떻게 해야 신체적, 정신적 건강을 유지할 수 있을지에 대해 많은 고민을 해왔는데요. 고민 끝에 다음과 같은 결론을 내립니다. 신체적, 정신적 건강을 유지하기 위해서는 우리의 삶이 '목표'와 '적절한 임무'를 필요로 한다는 거예요. 한마디로 끊임없이 목표를 향해 도전하되 자신이 수행해낼 만한 수준의 임무가 있어야 한다는 것입니다.

큰 고통이나 압박에서 갑작스레 벗어나 마음이 많이 불안하고 우울하다면, 자신의 증상만을 바라볼 것이 아니라, 일단은 나 자신의 관심을 다른 무언가로 돌리는 법을 익혀야 한다는 것이죠. 물론 근본적인 원인이 완전히 해결될 수 있다면 가장 좋겠지만, 사실 우리의 인생은 늘 문제의 연속이거든요. 한가지 문제가 사라지면 또 다른 문제가 계속해서 생겨나는 식으로, 우리가 세상에 존재하는 한 문제와 갈등은 절대 완전히 사라지지 않습니다.

그러므로 어차피 늘 있을 수밖에 없는 이 문제와 갈등에 대해서 좀 더 초연해질 필요가 있어요. 문제는 그대로 두고 나의 관심을 일단은 다른 쪽으로 돌리면서 우선 조금이라도 더 여유를 찾는 것이, 더 나은 삶을 위해 일단 먼저 취해야 할 방법이라는 겁니다. 그렇게 만들어진 여유를 가지고 그다음 단계로 나아가는 식으로, 조금씩 내 삶 속에 기존의 문제와 상관없는 행복을 끌어들이고 늘려가는 것이죠. 그러다 보면 내가 생각지 못했던 해결 방법을 찾아내기도 하고 어디선가 상상도 못 했던 도움의 손길이 나타나 원래의 문제가 줄어드는 경험을 하기도 합니다.

나르시시스트와 있었던 과거의 문제들을 곱씹고 다시 생각하면 할수록 에코이스트들은 성격상 계속해서 자기 자신을 탓하고 비난할 수밖에 없습니다. 만약 문제가 있다면 상대가 아니라 자기 쪽에 문제가 있을 거라는, 이런 생각의 패턴에 아주 익숙하기 때문이에요. 이들은 책임감이 어마어마한 사람들입니다. 세상에 이렇게 자기 성찰에 능하고 책임감이 강한 사람들만 있다면 아마 금방 세계 평화가 찾아올 거예요. 책임이라고는 일절 모르는 나르시시스트와 정반대인 사람들입니다.

그런데 이 엄청난 책임감이 때로는 우리를 해롭게 만들기도 한다는 것을 기억할 필요가 있습니다. 책임감이 있는 사람일수록 문제를 자신이 해결했어야 한다는 생각에 빠지기 쉽고, 문제를 계속 끌어안고 '내가 그때 이렇게 했으면 어땠을까, 그때 왜 이 말을 못 했을까, 나는 도대체 왜 그렇게밖에 못 했을까…' 끝없이 자기 자신을 닦달하게 됩니다. 그럴수록 우울감은 더해지고 분노는 사그라들 기미가 보이지 않을 거예요. 나르시시스트에 비하면 내가 얼마나 성숙하고 수준 높은 사람인지를 스스로 확인하더라도 자기분석은 멈추지 못하죠.

반성과 분석은
이제 그만!

이럴 땐 콤플렉스와 갈등을 찾아내 증상을 해결하려 노력하는 것보다, 우선은 증상에서 관심을 돌려 다른 것에 집중하는 것이 훨씬 더 중요합니다. 나 자신을 들여다보고 분석하면서 경멸하거나 애지중지하는 것보다 훨씬 더 중요한 것은, 문제가 아닌 다른 무언가에 몰입함으로써 스스로를 완전히 잊는 것이라고 해요. 즉, 자기 자신의 내적 상태에 대해서 더 이상 생각하지 않아야 한다는 것이죠.

　나르시시스트와의 안 좋은 기억이 끊임없이 자신을 괴롭히고 있다면, 과거에 대한 반성과 분석은 이제 잠시 내려놓으시기 바랍니다. 그리고 내가 살아오면서 '정말 하고 싶었지만 못했던 것'이 무엇이 있나 생각해보세요. 쓸데없는 짓일수록 더 좋습니다. 쓸모없어 보이고 아무 유익이 없어 보이는 일이라 할지라도, 하고 싶은 것이 있다면 일단 도전하고 마음껏 재능을 펼쳐보세요. 위대한 사명은 쓸데없는 짓에서부터 시작됩니다. 여러분이 정말 하고 싶었던 여러 가지 일들이 새로운 사람들, 새로운 세계와 만날 수 있도록 다리가 되어줄 거예요.

　단, 사람에게서 만족을 얻으려고 하면 안 됩니다. 사람에게서 행복을 얻겠다는 생각을 갖고 있으면 나르시시스트와의 계속되는 만남을 끊기 힘드실 거예요. 매번 나르시시즘이 강한 사람들을 돌아가며 만날 가능성이 큽니다. 사람이 아닌 다른 대상에 심취할 수 있어야 해요. 취미든 운동이든 일이든, 내가 정말 좋아서 완전히 몰입할 수 있는 대상을 찾고, 그 대상을 분석하고 그것을 더 잘하려면 어떻게 해야 할지를 고민하고 어떻게 해야 더 효율적으로 실력을 쌓을 수 있을지, 리스크는 어떻게 관리하면 좋을지 등등 이런 것들에 내면의 모든 에너지를 쏟으시기 바랍니다.

나르시시스트와의 관계에 대해서는 이미 너무 많은 에너지를 쏟았으니, 이제는 좀 무관심해져도 괜찮습니다. 그 사람이 어떻게 살아갈지에 대해 더 이상 궁금해하지 마세요. 자신의 재능을 발휘하고 자잘한 욕구를 충족하고 그러면서 마음에 조금씩 여유를 찾아가시기 바랍니다. 그리고 정서적으로 경제적으로 독립하기 위해 무엇을 하면 좋을지 어떻게 하면 나 자신을 도우면서 남도 돕는 그런 사람이 될 수 있을지 천천히 고민하며 앞으로 나아가시면 되는 거예요. 여러분의 과학적 사고방식과 예지력, 문제해결력 등등을 여기에 다 쏟아부으셔야 합니다.

물론 처음부터 잘 되지는 않을 거예요. 자기 자신과의 전쟁을 선포해야 할지도 모르는 아주 혹독한 시간이 될 수도 있습니다. 그렇지만 분명한 것은, 나르시시스트에게 돌아가 고통받는 것에 비하면 그 무게가 훨씬 가벼울 거라는 사실이죠. 또한 나의 인생을 빛나게 해줄 만한 가치와 의미가 있는 시간이 될 것입니다. 그리고 노력하고 애쓰는 만큼 분명히 효과가 있을 거예요.

니체는 이렇게 말했습니다.

"살아야 할 이유가 있는 사람은 어떤 삶이든 견딜 수 있다."

살아야 할 이유, 즉 삶의 의미를 아는 사람만이 모든 어려움을 극복해낼 수 있다는 거죠. 우리는 우리의 삶을 의미 있고 살 만하게 만들어줄 무언가를 발견해내야 합니다. 감정과 의견이 늘 달라질 수밖에 없는 '인간'으로부터 행복을 얻겠다는 생각은 버리셔야 해요.

나의 전 생애를 바쳐 이루고자 하는 꿈, 즉 사명을 발견할 수 있다면 가장 좋겠지만, 일단 쓸데없는 짓들을 열심히 해야만 사명도 발견할 수 있습니다. 인간은 무언가에 헌신함으로써, 몰입함으로써 비로소 자기 자신을 빚어나갈 수 있고 그것이 바로 진정한 자아실현이라고 합니다. 스스로를 투명하게 만든 만큼 인간은 자아를 실현할 수 있다고 해요. 그런 방식으로 나 자신이 발전하고 더 큰 사람이 되었을 때, 그때 다시 이전에 겪었던 문제를 되돌아보면, 그 문제를 완전히 다른 시각으로 바라볼 수 있게 됩니다. 과거에는 생각도 못 했던 문제해결 방법을 떠올리기도 하고, 또 한편으로는 문제보다 훨씬 크고 위대해져 있는 자신을 발견하게 될 것입니다.

이제 그만 여러분의 소중한 정신적 에너지를 나르시시스트가 아닌 다른 것에 쏟게 되시길 바랍니다. 그리하여 그들과 완전히 다른 인생을 살아가세요. 거짓말쟁이 나르시시스트들, 악한 방식으로 남을 괴롭히며 가는 곳마다 지옥을 만들어내는 그들의 인생과는 완전히 다른 삶을 사셨으면 좋겠어요. 여러분이 가는 곳곳마다 거짓이 패배하고 진실이 승리하는 곳이 되기를 바랍니다.

나르시시스트들의 악행 때문에 사람들이 생을 포기하려 하다가도 여러분의 말과 행동을 통해 힘을 얻는 생명력이 넘치는 삶을 살게 되셨으면 좋겠어요. 그리하여 세상에 분명히 '선'이 존재한다는 것을 사람들이 인지할 수 있도록 도와주는 아주 의미 있고 가치 있는 인생을 살아가시기를 소망합니다.

나르시시스트로부터 방탄조끼가
되어줄 14가지 지침

나르시시즘이 강한 사람들은 상대방이 여유 있게 'No'를 말할 수 있도록 선택권을 주지 않습니다. 상대방에게 충분히 생각하고 여유 있게 결정할 시간을 주지 않아요. 보통 최후의 순간까지 기다렸다가 갑자기 급박하게 요구를 들이밀고 '지금 당장' 답을 달라고 조르죠. 그런 식으로 상대방을 밑도 끝도 없이 압박하면서, 만일 상대가 거절하면 불같이 화를 내는 경향이 있습니다. 또한 이들은 자신이 만만하게 생각하는 상대에게는 미리 언질을 주는 일이 없습니다. 급작스럽게 계획을 변경하여 상대방을 당황하게 만들고는, 얼마나 자기 말을 잘 듣나 시험해 볼 요량으로 이랬다저랬다 자기 멋대로 끌고 다니죠. 도대체 왜 이렇게 사람을 불편하게 만드는 걸까요? 그 이유에 대해 크리스텔 프티콜랭은 다음과 같이 말합니다.

"유아적인 전능 환상에 빠져 있는 사람에게는 상대방이 바보같이 자기 말을 곧이곧대로 믿고 이리저리 우왕좌왕하는 모습을 보는 것보다 더 재미난 것이 없다."

그렇다면 나르시시스트들이 우리를 자기 멋대로 휘두르려 들 때 우리가 어떻게 해야 결정권을 빼앗기지 않고 내 뜻을 피력할 수 있을까요? 나르시시스트로부터 방탄조끼가 되어줄 열네 가지 지침을 말씀드리겠습니다.

첫 번째, 긴급해 보일수록 속도를 늦춰야 합니다.
나르시시스트가 급박하게 대답을 요구한다고 해서 급하게 대답할 필요가 없다는 것을 기억하시기 바랍니다. 나르시시스트의 말이 거칠고 빠를수록 나는 반대로 더 천천히, 여유 있게 대답할 수 있어야 합니다. 다시 말해, 나르시시스트의 요구에 즉시 답을 주는 것이 아니라, 정확한 답변을 주기까지 최대한 긴 시간을 확보하라는 것입니다. 곧바로 'Yes' 혹은 'No'로 답을 줄 것이 아니라, "일단 한번 생각해볼게"라든지, "그래, 원하는 바가 뭔지 충분히 알 것 같아. 그럼 나도 생각 좀 해보고 내일쯤

전화할게" 또는 "그렇게 긴급한 일을 이제 와서 얘기한다고? 미리 말해줬다면 내가 더 빨리 답을 줬을 텐데"라는 식으로 대답하는 것이죠. 확답을 주기 전까지 '시간을 버는 것'이 핵심입니다. 그렇게 시간을 번 후, 나르시시스트가 요구하는 것에 대해 냉정하게 검토하고, 내 의사가 무시당하지 않도록 전략을 짜고, 어떤 식으로 거절할지를 대비해야 합니다. 나르시시스트가 독촉하고 압박한다고 해서 그대로 넘어가지 말고 자기 속도에 맞게 대답해야 한다는 것을 기억하세요.

두 번째, 반발에 흔들리지 마세요.

앞서 설명해드린 방식대로 우리가 시간을 벌기 위해 답변을 지연시키는 말을 할 때, 나르시시스트는 어떻게 반응할까요? "그래, 천천히 생각해보고 말해줘"라고 반응하는 경우는 매우 드뭅니다. 나르시시스트들은 대부분 여러분의 말을 순순히 받아들이지 않을 거예요. 노발대발하며 "자신을 무시하냐, 너는 어떻게 네 생각만 하냐, 내가 지금 중요한 일을 앞두고 있는데 잘못되면 어쩔려고 그러냐" 등등의 말들로 따지려 할 것입니다. 그러나 정말 중요한 것은, 나르시시스트가 분을 터뜨리고 격렬히 화를 낼 때 그 행동이 무엇을 의미하는지 기억해야 합니다. 이들이 그렇게 길길이 날뛰는 것은 사실, 여러분에게 질까 봐 겁먹었다는 신호입니다. 나르시시스트들은 자신이 겁먹었을 때 상대를 겁주려 하죠. 그들이 화를 내고 소리를 지를 때 우리가 겁을 먹어선 안 됩니다. 오히려 그들이 지금 겁을 집어먹어서 개처럼 짖어대고 있는 것임을 기억해내야 해요. 따라서 겁먹은 그들 앞에서 절대 감정적으로 흔들리는 모습을 보이지 마시기 바랍니다.

세 번째, 차분하게 그리고 간단하게 이유를 말하세요.

아주 차분하고 담담하게, 여러분이 지금 당장 'Yes'를 말하지 못하는 이유를 간단하게 덧붙이면 됩니다. 별 이유가 없다면 거짓말이라도 하면 됩니다. 그들이 확인해볼 길이 없는 거짓말을 하는 것이죠. 전장에서의 교란술은 도덕적 타락이 아님을 기억하시기 바랍니다. 전쟁터 같은 인간관계에서, 악한 의도로 날 괴롭히는 사람으로부터 스스로를 지키기 위해 꼭 필요한 만큼의 교란술을 쓰는 건 결코 도덕적 타락이라 볼 수 없다는 것을 잊지 않으셨으면 좋겠어요. 나르시시스트가 자꾸만 특정 대답을 강요한다면, 다음과 같이 말해보세요. "먼저 스케줄을 좀 확인해봐야 할 것 같아. 요즘 자꾸 스케줄이 겹치는 일이 생겨서 난처할 때가 있더라고. 별다른 스케줄이 없는 게 확인되면 내가 같이 가줄게" 혹은 "그날은 선약이 있어서. 혹시 그 약속이 취소돼서 다시 시간을 낼 수 있으면 꼭 해줄게" 아니면 그냥 "내가 일정이 안 돼. 나도 맞춰줄 방법이 있다면 좋겠어"라고 말하면 됩니다.

네 번째, 가차 없이 확실하게 거절하는 연습을 하세요.

물론 처음부터는 이렇게 하기 힘들 거예요. 이것은 여러분이 나르시시스트의 심리와 행동 패턴에 대해 제대로 파악하게 되고, 좀 자신감이 붙어서 그들을 대할 때 이제 마음에 여유가 생겼다 싶으면 그때 실천할 수 있습니다. 이 책을 처음부터 끝까지 반복해서 읽어보신 후 마음이 이전보다 많이 단단하고 강해지고 여유만만해졌다는 느낌이 들 때, 더 이상 나르시시스트가 무섭지 않고 만만하게 보일 때, 그때 실천해보셨으면 좋겠어요. 그때는 평소보다 좀 더 강하게 멘트를 날리는 것입니다. "뭐야, 이렇게 중요한 일이면 더 일찍 말을 했어야지!"라고 오히려 핀잔을 주는 것이죠. 또는 "상황이 이렇게 급박해질 때까지 도대체 뭘 한 거야? 미리 언질을 줬으면 좀 더 신중하게 살펴보고 더 좋은 결정을 내릴 수 있었을 텐데"라고 하거나, "난 이렇게 성급하게 결정하는 건 좀 아니라고 봐. 중요한 일은 남들한테 떠밀려서 결정해서는 안 된다는 게 내 원칙이라, 이번엔 'No'야. 다음부턴 좀 미리 얘기해"라고 말합니다.

다섯 번째, 질문에는 질문으로 맞받아치세요.

나르시시스트가 "이번 주말에 뭐해?"라고 은근하게 물어보면 "아무 일 없는데"라거나 "특별한 약속은 없는데"라는 식으로 대답하지 마세요. 그들은 그 시간을 자기가 차지하고 자기 멋대로 이용하려 들 거예요. 그들의 질문 앞에서는 늘 빠져나갈 구멍을 만들어두는 습관을 들여야 합니다. "아직은 잘 모르겠어. 몇 가지 생각해둔 일이 있는데 지금 정확하게 말하긴 좀 그래. 그런데 왜 물어?"라고 말하는 것이죠. 이들이 하는 질문의 저변에는 늘 숨겨진 의도가 있음을 기억해야 합니다. 이들의 질문은 절대 궁금해서 하는 질문이 아니라 여러분을 궁지로 몰아가기 위한 것이에요.

그러니 이들이 질문을 해올 때, 그 의도가 무엇인지 되묻는 습관을 만들 필요가 있습니다. 내가 아닌 그들이 오히려 무슨 대답을 해야 할지 고민하게 만드는 것입니다. "너 화요일에 쇼핑하러 간다며? 누구랑 가?"라고 묻는다면, 그 질문에 바로 답을 할 것이 아니라, "그게 왜 궁금하실까?"라는 식의 말이 곧바로 튀어나올 수 있어야 합니다. 물론 처음부터 잘될 리는 없어요. 그러나 이런 방법이 있다는 것을 인지한 채 살아가다 보면 생각보다 자주 실천해볼 기회를 만나게 되고, 따라서 조금씩 감이 잡히고 익숙해질 것입니다.

여섯 번째, '무한 반복 기법'을 사용하세요.

크리스텔 프티콜랭은 이것을 '긁힌 디스크' 기법이라고 표현하는데요. 내 입장을 간단히 한 문장으로 정리해서 그 말만 무한 반복하는 것입니다. 아예 번호를 매겨가면서 되풀이해도 괜찮습니다. 예를 들어서 "엄마, 내가 지금 두 번째 말하는 거예요. 우리 추석에 못 가요… 엄마 지금 다섯 번째 말하는 거예요. 우리 못 갑니다. 우리는 추석에 못 간다고요. 지금까지 여섯 번 말했는데, 한 번 더 말해줘요? 우리는 추석에 못 갑니다"라는 식으로 말하는 것이죠. 그러면 이후에 어머니가 왜 안 오냐고 독촉을 해올 때 다음과 같이 대답할 수 있습니다. "엄마, 올해는 추석에 못 간다고 정확히 열다섯 번 말씀드렸어요. 엄마가 듣기 싫어서 안 들으셨나 봐요."

일곱 번째, 말싸움에 끌려들어가지 마세요.

나르시시스트는 자꾸만 여러분을 생산성 없는 입씨름에 끌어들이려 할 것입니다. 어떻게든 여러분을 변명하게 만들고, 길게 설명하게 만들어서 그중에 뭐라도 하나 꼬투리를 잡아 뜯으려고 애쓸 거예요. 이들은 여러분이 무슨 말을 할 때, 그 의도에는 관심이 없습니다. 그저 여러분의 말을 의미 없게 만드는 데에만 관심이 있을 뿐이에요. 이들이 시비를 걸 때 말려들지 마시기 바랍니다. 나르시시스트는 전혀 말도 안 되는 궤변으로 여러분을 유인하고, 흥분하게 만들고, 정신적 혼란에 빠뜨립니다. 그러고는 여러분의 모든 의견에 반대하는 말만 계속해서 늘어놓을 거예요. 따라서 애초부터 논쟁에 끼지 않는 것이 상책입니다. 다음과 같은 말들을 사용하면 갈등이 악화되는 것을 막을 수 있을 거예요. "그건 당신 생각이고", "당신이 어떻게 생각하든 그건 당신 자유야", "세상에 완벽한 사람은 없는 거야", "내가 완벽한 사람인 줄 알았나 보네. 날 그렇게 완벽한 사람으로 생각했다니, 고마운 걸. 하지만 난 그냥 평범한 사람이야."

여덟 번째, 세 가지 근거를 준비하세요.

나르시시스트들은 늘 비상식적인 행동을 하고 잘못된 행동을 하면서 아무 잘못 없는 척 뻔뻔하죠. 그들의 잘못을 지적하고 비판하고 싶은데 후폭풍이 두려워 아무런 말을 하지 못했다면 이 방법을 기억하시기 바랍니다. 그들의 잘못을 비판하기 전에 반드시 준비해야 할 것이 있습니다. 바로 그들의 잘못된 행동에 대해서 증거를 세 개 이상 미리 찾아두는 거예요. 세 가지 이상의 근거를 가지고 비판을 시작하면, 상대방이 반박할 때 두 번 이상은 재반박할 수 있게 됩니다. 우리가 나르시시스트의 잘못된 점을 지적하면 그들은 절대 가만 있지 않죠. 어떻게든 반박을 합니다.

　이때 우리가 움츠러들지 말고 바로 두 번째 근거를 들이밀면서 재반박하는 거예요. 화내지 말고 감정적으로 흔들리지 않고 똑 부러지게 말하면 됩니다. 그러면 아마 나르시시스트가 또 반박을 할 거예요. 그러면 이제 여러분이 세 번째 근거를 들이밀면서 또다시 재반박하는 거죠. 조던 피터슨의 말에 따르면, 즉석에서 네 개 이상의 변명거리를 생각해낼 사람은 거의 없다고 합니다. 나르시시스트가 세 번을 반박해도 여러분이 흔들리지 않고 단호하게 입장을 고수하면, 아마 나르시시스트는 화를 내거나 소리치거나 도망가거나 아니면 눈물을 흘릴 수도 있습니다. 여러분에게 어떻게든 마음의 부담을 주려고 애쓸 거예요. 죄책감을 유발할 만한 모든 짓을 다 할 수도 있습니다.

　그렇지만 나르시시스트가 이런 식으로 반응하더라도 계속해서 주장을 굽히지 않고 단호하게 버틴다면, 그 이후로는 더는 여러분을 만만하게 보지 않을 겁니다. 여러분을 두려워하기 시작할 거예요. 절대 유쾌하지도 않고 절대 편안하지도 않은 이런 갈등 상황을 마주할 수 있어야 문제는 해결됩니다. 물론 오랜 기간 학대하던 사람이거나 계속해서 얼굴을 봐야 하는 상황이라면 갑자기 이런 자세를 취하는 게 쉽지 않을 거예요. 그러나 근본적으로 나르시시스트들이 얼마나 겁이 많은 사람인지에 대해 어느 정도 인식만 하더라도, 각자 자신에게 맞게 지혜롭게 응용이 가능하지 않을까 싶습니다. 적어도 계속해서 복종하고 배려하고 잘해주는 게 그렇게 좋은 방법이 아니라는 것만이라도 알아두시면, 여러분 스스로가 자신의 상황에 맞는 구체적인 대처 방법을 찾는 데 큰 도움이 될 것입니다.

아홉 번째, '타협'이 아니라 '제압'해야 합니다.

내 말대로 하지 않을 경우 손해를 보도록 만들어서 여러분이 원하는 것을 할 수밖에 없도록 압박해야 해요. 결연하고 위협적인 자세를 취해야 하는데, 조화와 평화를 추구하는 사람들에게는 매우 어려운 일이죠. 그렇지만 단호하게 지시하고, 지시에 따르지 않으면 안 되는 상황으로 몰고 가야 합니다. 그들은 '좋아서'가 아니라 '무서워서' 움직이는 사람들이기 때문이에요. 그들을 여러분의 뜻대로 움직이고 싶다면, 두려움을 이용해야 합니다. 동의를 구하지 마세요. 내가 지시하는 대로 하지 않으면 손해볼 수밖에 없는 상황으로 몰아갈 수 있어야 합니다.

예를 들어, '한 번만 더 그렇게 거짓말하면 사람들에게 다 말하겠다'는 식으로 겁을 주세요. 그리고 한 번쯤은 사람들 앞에서 정말 얘기하세요. 그들이 느낄 민망함을 무시하셔야 합니다. 만일 여러분이 나르시시스트를 남들 앞에서 감싸주고 덮어주고 있다면 더더욱 호구로 취급받아왔을 거예요. 더 이상 그들을 감싸지 마세요. 사람들 앞에서 어떻게 보일까 미리 판단하고 허물을 덮어주는 일은 이제 그만하셔야 합니다.

단, 거듭 말씀드렸듯이 감정 서랍을 완전히 닫은 채 태연하면서도 단호하게 이야기하셔야 합니다. 그 말을 하면서 여러분이 주저하는 모습을 보이거나 확신에 차 있지 않다면 이 방법은 위험할 수 있어요. 중요한 것은 여러분이 그들의 체면에 큰 손상을 입힐 수 있는 존재라는 걸 인지시켜야 한다는 것입니다. '얘한테 잘못하다간 큰일 나겠다' 싶은 위협을 느껴야 여러분의 목소리에 귀를 기울이게 될 겁니다.

열 번째, 평소에는 되도록이면 신비로운 이미지를 유지합니다.

나르시시스트 앞에서는 절대 마음속 깊은 이야기를 하지 마세요. 특히 약점이 될 만한 이야기, 내가 잘못했던 일, 실수했던 일, 내 약점, 흠, 단점 등은 절대 말하면 안 됩니다. 상대가 아무리 좋은 사람으로 보이더라도 쉽게 속 얘기를 꺼내놓지 말라는 거예요. 나르시시스트들은 여러분이 그들에게 쏟는 감정과 노력의 양 만큼 여러분을 무시합니다. 그들이 여러분에게 친절하게 대할 때만 조금 친절하게 대하고, 여러분이 달성해야 할 목표가 있을 때 그들을 이용하기 위해 교류하는 식으로, 아주

273

사무적으로만 대해야 합니다. 여러분은 정말 이해가 안 되시겠지만, 나르시시스트들은 자신을 이용해서 이득을 취하는 사람을 두려워하고 존중합니다. 자기보다 똑똑한 사람이기 때문에 자신을 이용할 수 있는 거라고 생각하거든요. 남을 이용해서 이득을 취할 줄 알아야 똑똑하다고 생각하는 사람들이에요. 따라서 그들에게 이용당할 만한 약점은 절대 공개하지 말고 거리를 두고 감정적으로 완전히 독립하세요.

열한 번째, 나르시시스트가 떠나도 상관없다는 태도를 취하세요.

'나는 네가 내 곁에 있든 없든 상관없어'라는 자세를 취해야 합니다. 아무리 그 사람을 사랑해도, 그 사람이 떠날까 봐 두려워하는 모습을 절대 보이지 마세요. '갈 테면 가라'는 자세, '너 없어도 난 잘 산다'는 식의 태도를 보여야 합니다. 나르시시스트는 자신보다 우월한 사람으로 대체될 수 있다는 생각에 불안해하며 여러분의 눈치를 보기 시작할 거예요. 이들은 거부당하는 것에 매우 민감하기 때문입니다. 거절당하거나 버림받는 것에 공포를 느끼는 사람들이에요. 그러니 '네가 아니어도 나는 충분히 행복하기 때문에 언제든 쉽게 떠날 수 있다'라는 것을 가끔씩 정중하게 그리고 단호하게 표현할 필요가 있습니다.

열두 번째, 경제적으로 독립하세요.

나르시시스트의 지원 없이 살아가기 힘든 상황이라면 이용당하고 휘둘리기 딱 좋은 조건이 돼버립니다. 성인이라면 반드시 직장을 구하고 스스로 돈을 벌 수 있어야 해요. 여러분이 경제적으로 독립했다면 나르시시스트로부터 무시를 당하더라도 그 정도가 덜할 것입니다. 만일 여러분 중에 아이를 낳은 지 얼마 되지 않았고 아이를 맡길 데도 없어서 경제활동이 멈춰 있는 경우가 있다면, 나르시시스트 앞에서 뭔가 계획을 짜서 열심히 경제적 독립을 꿈꾸는 모습이라도 보여주세요. 이를 갈며 시간이 지나기를 기다리는 겁니다(만약 상황이 많이 심각하다면 경찰관, 정신과 의사, 심리치료사 등 전문가의 도움을 받으셔야 합니다).

아이를 낳고 키우는 건 세상에 그 어떤 기업을 운영하는 것보다 더 중요하고 귀중한 일인데 나르시시스트는 그걸 이해 못 하죠. 정말 답답할 정도로 무식합니다. 일단은 엄마로서 아이를 위해서 조금만 더 기다리세요. 부모 중 누구 한 사람이라도 책임감이 있어야 아이는 제대로 클 수 있습니다. 아이가 어느 정도 커서 혼자 옷도 갈아입고 샤워도 할 시점이 됐을 때, 그 때 이제 본격적으로 내 일을 시작하는 겁니다. 아이를 키우면서 갖게 된 삶의 지혜와 내공 덕분에 남들보다 훨씬 더 크게 성공할 것입니다. 즉 나르시시스트가 했던 모든 일들에 대해 여러분의 손으로 정의로운 심판이 가능해진다는 뜻이죠. 저는 아이를 키우느라 경제활동을 멈추고 아이에게 가장 좋은 것을 주려고 희생하고 있는 모든 어머니들을 응원합니다. 이렇게 아이 양육 때문에 혹은 신체적 제약이 있어서 또는 정신적으로 너무 많이 쇠약해져서 치료 기간이 필요한 경우 등 예외적인 상황이 아니라면(그리고 성인이라면) 어떻게든 경제적으로 독립하셔야 합니다.

열세 번째, 대화를 먼저 종료하세요.

나르시시스트와의 대화는 시간이 흐를수록 더욱 무례해지고 의미 없는 말들만 오갈 뿐이라는 것을 알아채셨나요? 대화가 길어질수록 기분은 점점 더 나빠지고 문제는 해결되기는커녕 더 악화되고 복잡해질 뿐이죠. 그러니 이제 그들과 길게 대화할 생각은 애초에 버리시고, 할 말을 다 했으면 먼저 대화를 끝내버리세요. 물론 상황이 심각하거나 병적인 나르시시스트 앞이라면 좀 더 신중해야 합니다. 그런 경우라면 상황이 더 나아진 후에 사용하셔야 해요. 다만, 대화를 먼저 끊고 일어나 가버리는 것이 상대의 기를 죽이고 기선을 제압하는 방법 중 하나라는 걸 기억해두시기 바랍니다.

대화를 끝낼 때는 마무리를 어떤 말로 해야 하는지 깊이 생각하지 마세요. 아무 말이나 대충 하고 끝내면 됩니다. 대화를 하다가 중간에 뚝 끊고 그냥 자리를 떠나버려도 상관없어요. 그런 것까지 신경 쓸 여유가 없을 정도로 굉장히 바쁜 사람인 척하는 거예요. '너 말고도 신경 쓸 일이 태산이다'라는 식의 자세를 보여주고, 지나간 대화에 대해 일체 신경 쓰는 모습을 보이지 마세요. 나르시시스트보다 더 신경 써야 할 사람들이 주변에 많고 그 사람들과의 일들을 중요하게 여기는 모습을 보여줘야 합니다. 그렇게 하면 나르시시스트는 여러분을 마치 '고부가가치 상품'을 바라보듯이 보게 됩니다. 함부로 할 수 없고 쉽게 얻을 수 없는 귀한 무언가로 대우한다는 거예요. 여전히 인간이 아닌 상품으로 대우받는다는 면이 좀 께름직하긴 하지만, 어쨌든 더 이상 무시당하지는 않을 겁니다.

열네 번째, 갈등을 두려워하지 마세요.

나르시시스트의 감정을 건드릴까 봐 조심조심하던 모습에서 벗어나, 가차 없이 할 말을 하라는 것입니다. 상대의 잘못을 지적하고 비난하고 정곡을 찔러 상처 주는 행동을 나 자신에게 어느 정도는 허용하세요. 남을 괴롭히기 위해서가 아니라 나를 지키기 위해 그렇게 하는 겁니다. 나르시시스트의 불완전함만 감싸주지 마시고 나 자신의 불완전함도 감싸안아 주는 거라고 생각하세요. 여러분은 평소에 여러분에게 상처 주는 사람을 용서하려고 애쓰며 살아가지 않나요? 나 또한 때에 따라 용서받을 수 있는 사람임을 기억하세요. 나도 때로는 어쩔 수 없이 남에게 상처 줄 수 있는 불완전한 사람임을 인정하시기 바랍니다.

그뿐만 아니라, 나르시시스트 앞에서는 '네가 아무리 고통스러워해도 난 눈 하나 깜짝하지 않는다'라는 태도를 보이셔야 합니다. 또 다른 나르시시스트가 되는 것 같아 괴로운 마음이 들겠지만, 이 정도 가지고 여러분이 나르시시스트가 되지는 않습니다. 여러분은 상대방이 아무 잘못이 없을 때 그 사람을 아무 이유 없이 괴롭혀서 억울하게 만들지는 않잖아요. 상황이 공정하지 못하고 정의의 심판이 필요한 시점에만 냉정한 모습을 보이면 됩니다. 아무리 갈등이 커질 것 같아도, 두려운 마음이 들어도 감정을 꽉 붙드세요. 자신감과 단호함으로 무장하시면 됩니다. 나르시시스트의 잘못을 확실하게 지적하고, 그들이 두려워하는 것을 이용해 협상하세요. 이런 식으로 말하는 겁니다.

"네가 아무리 아니라고 해도, 내가 볼 때 그건 거짓말이야. 한 번만 더 그런 식으로 거짓말하면 다시는 내 얼굴 볼 일 없을 거야."

여러분은 아마 나르시시스트와 몇 마디 이야기를 나눈 후 뭔가 설명할 수 없는 스트레스를 받고 기분이 매우 찜찜했던 기억이 있으실 거예요. 대화 도중 일어난 아주 사소한 몇 마디 때문에 상했던 감정이 쉽게 해결되지 않고 생각보다 길게 지속되는 것을 경험해보지 않으셨나요? 적극적 자기주장에 익숙해지면 이제 더 이상은 대화 이후 스트레스로 속앓이하는 일을 겪지 않아도 됩니다. 또한 '내가 그렇게 얘기하지 말았어야 했는데', '이렇게 말했어야 했는데' 등등의 생각으로 시간과 에너지를 낭비하는 일들이 점점 사라질 거예요. 상대방이 도대체 무슨 생각으로 나에게 이런 말을 했는지, 내가 어떻게 대응해야 했는지, 내가 무엇을 잘못한 건지, 다음에는 어떻게 해야 하는지 등에 대한 모든 고민들이 사라지고 온전히 내 삶에서 좀 더 중요한 것들에 집중할 수 있게 될 겁니다. 적극적인 자기주장을 통해 우리가 얻을 수 있는 효과는 생각보다 많습니다.

조던 피터슨, 에이미 말로 맥코이, 샘 혼, 크리스텔 프티콜랭 등 많은 전문가들은 "적극적 자기주장을 통해 스트레스가 감소되고, 더 정직한 관계를 맺을 수 있으며, 타인으로부터 존중받을 수 있고, 더 나은 의사소통 실력을 갖추게 된다"라고 말합니다. 이뿐 아니라, 삶 전반에 긍정적인 변화가 나타나고 자신감과 자존감이 높아지며, 자기 효능감도 향상된다고 해요. 또한 나 자신의 감정을 인식하고 이해하는 능력도 향상된다고 합니다. 조던 피터슨은 다음과 같이 말합니다. "나르시시스트, 소시오패스, 사이코패스로부터 당하지 않기 위해 배워야 하는 것이 바로 적극적 자기주장 훈련이다." 또한 심리치료사 에이미 말로 맥코이는 다음과 같이 말하죠. "적극적 자기주장이란, 다른 사람에게 자기 의견만 강압적으로 밀어붙이는 것이 아닙니다. 다른 사람에게 강압적으로 의견이 묵살되고도 가만히 있는 수동적인 자세에서 벗어나 내가 가진 생각과 의도를 정확하게 전하는 것을 뜻합니다."

나르시시스트는 상대방이 자기 손아귀에서 빠져나갈지도 모른다는 생각 때문에 늘 불안합니다. 자신의 지배력에 이상이 생길까 봐 늘 초조해요. 그리고 좌절감을 다스리는 방법을 모르기 때문에 모든 것을 지금 당장 원합니다. 상대방을 독촉하고 압박함으로써 스트레스를 유발할 뿐 아니라, 상대가 차분히 생각하지 못하고 약속을 남발하거나 섣부른 행동을 하게 만들죠. 이러한 나르시시스트를 제대로 다루기 위해서는 우리에게 범상치 않은 자기주장 능력이 필요합니다.

나르시시스트와의 관계가 일종의 전쟁이며 눈에 보이지 않는 정서적 싸움임을 기억하시기 바랍니다. 그리고 이 치열한 정신적 싸움에서 패배하지 않기 위해 반드시 필요한 '적극적 자기

주장' 능력을 잘 갖추셨으면 좋겠어요. 단, 너무 급하게 가지는 마시고 긴 시간 연습하고 훈련하고 실수하면서 습득할 여유를 스스로에게 허락하시기 바랍니다. 중요한 일일수록 좀 더 많은 시간과 노력, 에너지를 들여 신중하면서도 세심하게 접근해야 하는 법이니까요.

사람마다 처한 상황이 다양하기 때문에 자신이 처한 상황에는 어떤 방법을 어떤 식으로 얼마나 대입하는 것이 가장 맞는지를 스스로 찾아내고 감을 잡는 것이 굉장히 중요합니다. 나도 모르는 사이 나르시시스트가 내 감정을 이용해 나를 휘두르며 내 인생을 망가뜨리지 않도록 여러분 모두가 적극적 자기주장을 익혀서 스스로를 돕고 보호하는 사람이 되셨으면 좋겠습니다.

에코이스트로서의 삶을
마음껏 아름답게 가꿔가시기를

《스캇 펙의 거짓의 사람들》에 따르면, 나르시시스트들에게
는 아무리 설명해도 이해할 수 없는 개념이 세 가지 있다고 합
니다. 바로 '사랑'과 '희생' 그리고 '과학'이라고 해요. '사랑'이란
아무 조건 없이 상대의 마음을 기쁘게 해주려는 마음이라고
볼 수 있죠. 나르시시스트들은 이 개념을 절대 이해하지 못한
다고 합니다. 그저 남들 앞에서 가면을 쓰고 사랑하는 척 흉내
만 내다가 만만한 사람 앞에서는 그 흉내조차 내지 않습니다.
흉내 내기가 너무 어렵거든요.

또한 '희생'이란 자기 자신이 손해를 보면서까지 남을 위해
주는 것을 말하죠. 나르시시스트들에게 희생이란 그저 멍청한
짓에 불과합니다. 자기 밥그릇도 제대로 못 지키는 한심하고 어

리석은 행동이라고 여길 뿐이에요.

그리고 마지막으로 '과학'이라는 것은 무언가를 객관적으로 관찰할 수 있을 때 비로소 이해할 수 있는 개념이죠. 아무 편견 없이 진실한 눈으로 대상을 들여다볼 수 있어야 과학적인 사고가 가능합니다. 그런데 모든 것을 자기 위주로 보고 듣고 느끼는 이 나르시시스트들은 과학적인 사고가 당연히 불가능합니다. 문제의 인과관계를 분석하지 못하고 어떤 행동의 결과를 예측하지도 못하죠. 만일 나르시시스트가 과학적으로 맞는 이야기를 한 적이 있다면 아마 그건 문장 몇 개를 통째로 외웠기 때문일 겁니다.

나르시시스트에게 잘 당하는 사람들인 에코이스트들은, 나르시시스트와 완전히 반대라고 보시면 됩니다. 에코이스트들은 매사에 자기 행동의 결과를 예측하는 사람들이에요. 어떤 일의 원인을 분석하고 해결법을 찾아내는 등 과학적인 사고가 가능한 사람들입니다. 나르시시스트와는 달리, 다른 사람들을 기쁘게 해주는 것을 좋아하고 대가 없이 선을 베푸는 것을 즐거워하는 사람들이죠. 타인을 돕기 위해서 희생도 마다하지 않습니다. 신뢰, 정직, 정의 등 보편적 원칙들을 아주 중요하게 생각하고 자기비판을 할 줄 아는 사람들이에요.

그런데 참 안타깝게도, 나르시시스트의 눈에는 이 에코이스트들이 세상 물정 모르는 아주 어리석은 사람으로 보입니다. 힘 있는 사람들에게 찰싹 붙어서 아양을 떨거나, 아니면 만만한 사람을 지배하며 군림하거나 하는 식으로 살아야 하는데 이 에코이스트들이 그렇게 하지를 않거든요. 사람을 의심할 줄도 모르고 이용할 줄도 모르고 억지 부리지도 않고 거짓말도 할 줄 모르니 아주 가관인 거예요. 물가에 내놓은 어린애처럼 자신이 하나하나 통제하고 보살펴주지 않으면 세상을 제대로 살아가지 못할 거라고 생각합니다.

우리가 현실을 객관적으로 봤을 때는, 나르시시스트가 비상식적인 태도로 삶을 살아가고 있고 에코이스트가 제대로 살고 있는 사람인데, 나르시시스트의 생각 속에서는 완전히 반대로 보이죠. 자신은 세상을 통달한 아주 완벽하고 똑똑한 존재이지만 에코이스트는 뭣 모르는 아주 어리석고 수준 낮은 존재라고 보는 거예요. 자신이 하나하나 간섭하지 않으면 세상 물정 모르는 이 에코이스트가 어디서 무슨 사고를 칠지 모르기 때문에 늘 주시해야 합니다. 뭐든 제대로 했는지 의심하고 확인해야만 하는 거예요. 관계가 가까워지면 가까워질수록 나르시시스트는 에코이스트를 머리에서부터 발끝까지 하나하나 다 뜯어고치려 들죠. 늘 가르치고 지적하고 변화시키려고 합니다.

이게 사실은 괴롭히려고 그러는 게 아니라, 정말 정의감을 가지고 도와주려고 그러는 거예요. '다 널 위해서 그러는 거다' 라고 말하는 게 실제로 완전히 거짓말은 아닌 거죠. 나르시시스트 입장에서는 선한 일을 하고 정의감을 느끼는 겁니다. 그런데 우리가 객관적으로 봤을 때는 사람을 괴롭히고 쾌감을 느끼고 있는 거예요. 정의감이라는 쾌감을 말이죠.

'무지함'이란 이렇게 무서운 것입니다. 사람을 그렇게 힘들게 하면서도 본인이 무슨 짓을 하고 있는지 모르는 거예요. 악한 일을 하면서도 선을 행하고 있다고 한 치도 의심도 없이 생각합니다. 그러니 이들에게 울고불고 힘든 것을 토로할수록 여러분은 가해자 취급을 당할 수밖에 없죠. 이들이 생각할 때는 상대방이, 자신의 선을 악으로 해석하는 아주 배은망덕한 사람으로밖에 안 보이니까요. 그래서 대화도 안 되고 무슨 말을 해도 안 통하는 거예요. 당연히 반성도 사과도 있을 수가 없죠. 이들에게는 현실을 있는 그대로 인식하는 능력이 없기 때문입니다. 그러니 보통 사람들을 대하듯이 대화와 설득으로 해결하려 할수록 문제가 더 악화되고 일은 커질 수밖에 없는 것이죠. 아주 답답한 노릇입니다.

나르시시스트에게 제대로 당하기 전까지 에코이스트들은 다른 사람들도 모두 자기처럼 선한 마음으로 가득 차 있을 거라 믿습니다. 그저 남을 괴롭히는 것 자체를 즐기는 악의적인 사람들이 존재할 거라고는 상상조차 못 하고 살다가 삶의 어느 시점에서 나르시시스트를 만나 힘없이 휘둘리고 말죠. 물론 에코이스트들처럼 계산 없이 베풀고 조건 없이 나누는 사람들이 세상에 존재하기는 합니다. 그러나 사실, 그 정도로 선한 사람들은 비율상 그렇게 많지는 않다는 것을 기억해주셨으면 좋겠어요.

혹시 '대부분의 사람들은 근본적으로 선하고 믿을 수 있다'라고 생각하는 분이 계신가요? 이 생각이 바로 사기꾼들이 잘 이용하는 마인드라고 합니다. 잊지 마세요. 인간은 사랑해야 할 대상이지 의지해야 할 대상은 아니라는 것을요. 아무리 선해 보이고 마음에 쏙 드는 사람을 만나더라도 긴 시간 의심하고 지켜보며 믿을 만한 사람인지 가려내는 것이 정말 중요합니다. 잘 관찰하면서 눈에 보이지 않는 중요한 것들을 기반으로 옳은 판단을 내리실 수 있기를 바랍니다.

부디 주변을 최대한 좋은 사람들로 채우셔서 그들로부터 좋은 영향을 주고받으며 밝은 인생을 사시기를 바라요. 그러다 인생의 어느 한 시점에서 평범한 사람들과는 사고방식이 완전히 다른 나르시시스트들을 만난다면, 그때에는 꼭 이 책의 내용을 잘 참고하셨으면 좋겠어요. 결코 휘둘리거나 끌려다니는 일 없이 스스로의 삶을 잘 지키고 보호하시기 바랍니다. 그리하여 나르시시스트에게 쓸데없이 에너지를 쏟는 것이 아닌, 인생에서 정말 중요하고 의미 있는 일들에 에너지를 쏟으며 성취감과 보람, 스스로에 대한 자부심을 충분히 누리셨으면 합니다. 그리고 여러분 자신의 삶뿐 아니라 주변의 소중한 사람들까지도 지켜줄 수 있는 정의롭고 든든한 사람, 주변 사람들이 롤 모델로 삼을 수 있을 만큼 매력적인 사람이 되셔서 여러분에게 주어진 단 한 번뿐인 고귀한 인생을 원하는 대로 마음껏 아름답게 가꾸어나가시기를 소망합니다. 여러분의 모든 문제가 다 해결되기를 바라면서 저는 또 계속해서 〈서람TV_힐링크리에이터〉 채널에서 만나 뵙도록 하겠습니다.

2024년 가을, 윤서람 드림

*P.S. 늘 아낌없는 사랑과 관심, 응원으로 함께해주신 〈서람TV_힐링크리에이터〉 채널의 모든 구독자 및 시청자분들 그리고 이 책을 읽고 계신 독자 여러분 모두에게 감사의 말씀을 드립니다. 여러분이 있기에 제가 있을 수 있습니다. 제가 여러분의 삶, 여러분의 '존재'에 대해 감사해한다는 것을 꼭 기억해주셨으면 좋겠습니다. 살아서, 존재해주셔서 정말 감사합니다. 여러분과 저의 소중한 삶이 각자의 자리에서 가장 최고로 빛날 수 있기를 소망합니다.

본문 인용 도서

35~36쪽 크리스텔 프티콜랭 저, 이세진 역,《당신은 사람 보는 눈이 필요하군요》(부키, 2018), 23쪽
173쪽 샘 혼 저, 이상원 역,《함부로 말하는 사람과 대화하는 법》(갈매나무, 2023), 275쪽
204쪽 무엔거 저, 최인애 역,《착하게, 그러나 단호하게》(쌤앤파커스, 2018), 48쪽
224쪽 스캇 펙 저, 윤종석 역,《스캇 펙의 거짓의 사람들》(비전과리더십, 2007), 224쪽
228쪽 베셀 반 데어 콜크 저, 제효영 역,《몸은 기억한다》(을유문화사, 2020), 106쪽
251쪽 에릭 바커 저, 조성숙 역,《세상에서 가장 발칙한 성공법칙》(갤리온, 2018), 244쪽

나는 왜 배려할수록 더 힘들어질까

초판 1쇄 인쇄 2024년 11월 8일
초판 1쇄 발행 2024년 11월 20일

지은이 윤서람
펴낸이 최순영

출판1 본부장 한수미
와이즈 팀장 장보라
편집 선세영
디자인 형태와내용사이

펴낸곳 ㈜위즈덤하우스 **출판등록** 2000년 5월 23일 제13-1071호
주소 서울특별시 마포구 양화로 19 합정오피스빌딩 17층
전화 02) 2179-5600 **홈페이지** www.wisdomhouse.co.kr

ISBN 979-11-7171-308-0 03180